S'INSPIRER / DÉCOUVRIR / VOIR AUTREMENT

BALI
ET LOMBOK

GUIDES **VOIR**

BALI
ET LOMBOK

SOMMAIRE

INSPIRATIONS 6

DÉCOUVRIR BALI ET LOMBOK 60

MODE D'EMPLOI 190

INFOS COVID-19 Toutes les informations de ce guide ont été scrupuleusement actualisées. Néanmoins, compte tenu du contexte sanitaire, de nombreux sites sont amenés à restreindre leurs horaires d'ouverture, ou à fermer l'accès à certaines salles ou à suspendre provisoirement démonstrations ou activités. Les consignes évoluent régulièrement. Nous vous recommandons de vérifier les horaires et conditions de visite de chaque lieu et adresse sur leur site Internet ou leur page Facebook.

Gauche : statue de Ganesha avec un collier de fleurs et une offrande cérémonielle au temple de Petitenget (Pura Petitenget), près de Seminyak
Page précédente : lagon au centre de Candi Dasa
Couverture : la superbe Diamond beach à Nusa Penida

INSPIRATIONS

Lever du soleil sur le mont Rinjani, Lombok

BIENVENUE À BALI ET À LOMBOK

Des plages ensoleillées baignées d'eaux turquoise, des treks au cœur de la jungle pour admirer des temples fascinants, un patrimoine artisanal et artistique d'une grande richesse : découvrez grâce à ce guide tous les attraits de Bali et deLombok.

1

2

3

4

1 *Canang sari*, offrandes de fleurs, Bali.

2 Le mont Batur au lever du soleil, Bali.

3 Poulet sauce satay, mets indonésien.

4 Plage avec parasols multicolores, Lombok.

Nichées au sein de l'archipel indonésien, ces deux îles voisines passent à juste titre pour être paradisiaques. Nul besoin de vanter les plages de Bali, leur sable fin, leurs eaux poissonneuses et leurs spots de surf renommés. L'intérieur des terres a tout autant de charme avec ses montagnes tapissées d'une jungle luxuriante et ses anciennes caldeiras occupées non par de la lave, mais par des lacs scintillants. Souvent éclipsée par sa voisine, l'île de Lombok possède également une nature d'une grande beauté, des îles Gili idylliques au mont Rinjani, un volcan actif nappé de brume.

Distantes de 35 km seulement, l'île hindouiste de Bali et celle de Lombok, majoritairement musulmane, se démarquent par leur identité culturelle, qui s'exprime dans les traditions – fêtes, musique, danse, théâtre, artisanat. À Bali, Seminiyak offre aux visiteurs ses restaurants raffinés, ses boutiques et sa vie nocturne ; Canggu, ses cafés vegan ; Ubud, ses musées et ses guérisseurs. Pour un séjour plus paisible, préférez les stations balnéaires de Senggigi et de Kuta à Lombok. Sur les deux îles, vous pourrez marchander sur les marchés et céder au plaisir d'un massage dans un Spa.

Pour vous aider à préparer votre voyage, nous avons partagé l'île de Bali en quatre régions et consacré un chapitre à Lombok, avec des itinéraires détaillés, des conseils d'experts, des cartes et plans en couleur. Quelle que soit la durée de votre séjour, ce guide sera un allié indispensable pour profiter pleinement des richesses des deux îles.

POURQUOI ON ADORE BALI ET LOMBOK

Les magnifiques îles de Bali et de Lombok ne manquent pas d'attraits pour le visiteur. Demandez aux habitants pourquoi ils aiment leur île : ils ont tous « leur » raison. Découvrons ensemble les nôtres.

1 MONUMENTS ROYAUX DE GUNUNG KAWI

La « vallée des Rois » balinaise est l'un des plus beaux sites de l'île. On descend parmi les rizières jusqu'à des tombes taillées dans le rocher au-dessus de la Pakerisan *(p. 110)*.

LA NATURE 2

Des volcans, forêts tropicales, lacs, gorges et rizières aux plages et aux falaises, les superbes paysages balinais abritent une flore et une faune abondantes.

3 LA MUSIQUE

L'orchestre traditionnel, appelé gamelan, réunit des gongs en bronze, des flûtes en bambou (*suling*), des métallophones, des tambours et des cymbales.

4 PURA LUHUR ULUWATU

Perché sur une falaise au-dessus de l'océan, ce temple du 11e siècle, l'un des symboles de la spiritualité balinaise, vous laissera un souvenir impérissable au soleil couchant *(p. 66)*.

TREK DU GUNUNG BATUR 5

L'ascension du mont Batur promet un moment inoubliable au sommet, lorsque le soleil se lève derrière l'imposant mont Agung : la vue du lac dans la caldeira *(p. 120)*.

SPAS 6

À Bali et à Lombok, les Spa se multiplient, associant tradition et modernité pour le bien-être du corps et de l'esprit *(p. 38)*.

7 PLONGÉE À NUSA PENIDA

Attirant les plongeurs du monde entier, les eaux cristallines de Nusa Penida regorgent d'animaux marins : coraux, tortues, requins pointes blanches, raies manta et poissons-lunes *(p. 88)*.

8 ÎLES GILI, LOMBOK

Les plus connues – Trawangan, Meno, Air *(p. 174)* – vous attendent au nord-ouest, à moins que vous ne préfériez les secrètes et paisibles Gili du sud-ouest *(p. 189)*.

9 ART ET CULTURE À UBUD

Épicentre de la culture balinaise, Ubud *(p. 96)* invite à la découverte de nombreuses disciplines artistiques et artisanales : danse, musique, théâtre, peinture, sculpture, tissage.

10 TENGANAN, VILLAGE BALI AGA

Rituels et cérémonies rythment la vie de ce charmant village vieux de 700 ans. Les artisans fabriquent textiles et vannerie selon des techniques ancestrales *(p. 130)*.

FRUITS DE MER À JIMBARAN 11

Jimbaran est incontournable pour les amateurs de poisson et de fruits de mer. Au bord de la plage, une succession de paillotes proposent la pêche du jour *(p. 82)*.

PLAGES DE LA PÉNINSULE DE BUKIT 12

Au pied de hautes falaises, de ravissantes criques cachent des plages paradisiaques de sable blanc et des spots de surf qui comptent parmi les plus réputés au monde *(p. 84)*.

SE REPÉRER À BALI ET À LOMBOK

Dans ce guide, Bali et Lombok sont divisées en cinq régions signalées par des couleurs différentes sur la carte. Découvrez-les dans les pages qui suivent.

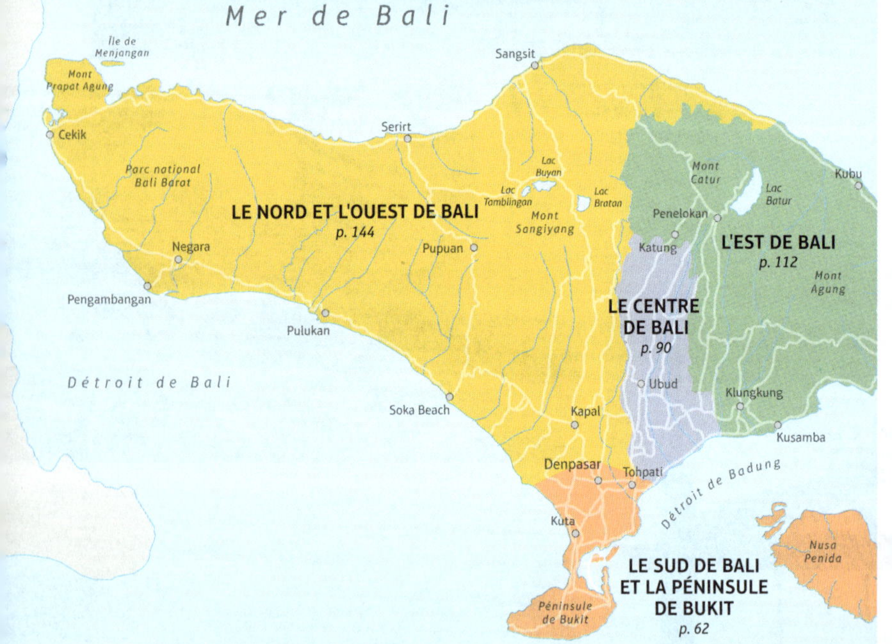

Mer de Bali
Kayangan
Anyar
Îles Gili
Amed
Senaru
Tanjung
Sembalun
Lac Segara Anak
Mont Rinjani
Pemenang
Parc national Gunung Rinjani
Sangsit
Détroit de Lombok
Senggigi
LOMBOK
p. 168
Mataram
Sweta
Masbagik
Îles Gili du sud-ouest
Lembar
Praya
Détroit d'Alas
Penujak
Tangjung Luar
Senkol
Tanjung Ringgit
Gerupuk
NUSA TENGGARA OCCIDENTAL
Océan Indien
0 kilomètre 100
0 mile 100
N

BALI ET LOMBOK VISITE PAR RÉGION

De leur riche passé à leurs sites naturels et à leurs fêtes colorées, les îles de Bali et de Lombok enchantent les visiteurs. Que vous soyez fan de surf, de plongée ou de trekking, féru de yoga, gourmet ou amateur de shopping, elles sont la promesse d'un merveilleux voyage à tout un chacun.

PAGE 62

LE SUD DE BALI ET LA PÉNINSULE DE BUKIT

Fort de ses baies abritées aux plages de sable blanc et de son large éventail d'hébergements, dont de luxueux hôtels et resorts, le sud de Bali est une destination très prisée. La péninsule de Bukit attire avec ses activités nautiques et ses panoramas grandioses sur la mer. Au sud-ouest de la péninsule, Uluwatu possède un remarquable temple juché sur une falaise et d'excellents sports de surf. À l'est, les îles de Nusa Lembongan et Nusa Penida cachent une nature préservée.

Idéal pour
Les plages, les activités nautiques, le shopping

Les incontournables
Temple de Luhur Uluwatu (Pura Luhur Uluwatu) ; Denpasar ; Sanur ; Kuta et Legian

Expérience
Se régaler de fruits de mer et profiter des superbes couchers de soleil sur la mer

PAGE 90

LE CENTRE DE BALI

Villages qui perpétuent des traditions artisanales, temples entourés d'eau, rizières, gorges profondes, jungle luxuriante : telle est l'âme du centre de Bali. Au fil des chemins, vous découvrirez des techniques agricoles ancestrales. La cité royale d'Ubud, centre culturel et artistique, abrite de nombreux musées et galeries, un palais, un marché et une forêt de singes. Des spectacles de danses traditionnelles y ont lieu chaque jour. La région ravira autant les amateurs d'art et de culture ou de randonnées dans les forêts, que les adeptes de yoga et de méditation.

Idéal pour
L'art et la culture ; le yoga

Les incontournables
Ubud ; le musée Puri Lukisan ; le Parc ornithologique de Bali

Expérience
Assister à un spectacle de danses traditionnelles

PAGE 112

L'EST DE BALI

Pour les voyageurs en quête de tranquillité, la région offre un refuge bienvenu avec ses plages paisibles et ses eaux calmes. Elle abrite certains des palais royaux les plus remarquables de l'île, des jardins ornés de bassins et des villages anciens. Par temps clair, le mont Agung, le volcan le plus élevé et les plus sacré de Bali, domine l'horizon. Au nord-ouest, dans une immense caldeira, le mont Batur offre aux trekkeurs une vue spectaculaire sur le lac Batur, dans la région fertile de Kintamani.

Idéal pour
La plongée et le snorkelling ; les randonnées dans les rizières et en montagne

Les incontournables
Les temples de Besakih ; le mont Batur ; le temple d'Ulun Danu Batur ; Klungkung et le Taman Gili ; le village bali aga de Tenganan

Expérience
Admirer le lever du soleil du haut du mont Batur

PAGE 144

LE NORD ET L'OUEST DE BALI

Comptant certains des sites les plus reculés et les moins fréquentés de l'île, cette région à la beauté austère et préservée abrite le vaste Taman Nasional Bali Barat (parc national de l'ouest de Bali). Vers l'est, les montagnes recèlent un chapelet de lacs, de spectaculaires temples, cascades et forêts tropicales. Les surfeurs se mesureront aux rouleaux des plages sauvages de sable noir, à l'ouest. Les plongeurs et les amoureux de la nature apprécieront les dauphins et les eaux calmes du littoral nord, les oiseaux et la faune du parc national.

Idéal pour
Les randonnées en forêt ; l'observation des oiseaux et autres animaux

Les incontournables
Le Taman Nasional Bali Barat ; Singaraja ; les temples de Meduwe Karang et de Taman Ayun

Expérience
Observer des dauphins à Lovina

PAGE 168

LOMBOK

Dominée par le majestueux mont Rinjani, Lombok foisonne de merveilles naturelles, des plages et des baies idylliques aux îles paradisiaques et aux récifs coralliens. L'île est la destination idéale des voyageurs aventureux en quête d'activités en plein air : surf dans les meilleures vagues d'Indonésie, treks dans le parc national de Rinjani, découverte de cascades reculées. Les plongeurs et les fêtards gagneront les îles Gili du nord-ouest, tandis que les discrètes Gili du sud-ouest, encore peu connues, offrent un havre de paix.

Idéal pour
Les treks ; la plongée et le snorkelling ; le surf

Les incontournables
Le parc national du mont Rinjani ; les îles Gili ; Mataram

Expérience
Assister à la fête de Bau Nyale, en février ou mars

1

2

3

4

←

1 Rizières dans la vallée de Sidemen.

2 Préparation d'offrandes de fleurs pour la fête d'un temple dans le village bali aga de Tenganan.

3 Le portail fendu du temple d'Agung Lempuyang Tara Penah.

4 Le lagon aux lotus à Candi Dasa.

Des circuits de quelques jours dans une ville ou une région aux longs périples à Bali ou à Lombok, ces itinéraires vous aideront à organiser votre voyage. N'hésitez pas à les adapter au gré de vos envies.

2 SEMAINES

à Bali

Jour 1

Ce périple part de Sanur *(p. 74)*, où vous pouvez vous détendre sur le sable ou essayer un sport nautique *(ripcurlschoolofsurf.com/the-schools/sanur)*, avant de déjeuner au bord de la plage. Le musée Le Mayeur, où vécut l'artiste belge Adrien Le Mayeur, est accessible en 20 min de marche sur la promenade du front de mer. Kayu Manis *(p. 75)* promet un excellent dîner de cuisine fusion.

Jour 2

Après un départ matinal en voiture pour Candi Dasa *(p. 138)* par la vallée de Sidemen *(p. 137)* (66 km), Komune Resort *(p. 104)* invite à un petit déjeuner avec vue sur la plage de sable noir de Keramas. À Klungkung, la visite du Taman Gili *(p. 128)* et du marché aux textiles *(p. 125)* s'impose. Pour le déjeuner, le Warung Organic, à Iseh (8 km au nord-est de Sidemen), dévoile un panorama sur le mont Agung. Ralliez Candi Dasa, en profitant de splendides vues sur la côte, pour dîner au Warung Lu Putu *(www.luputu.com)*.

Jour 3

Pour commencer la journée, rien de tel que de monter à pied au sommet de Bukit Asah, à 4 km de Candi Dasa, pour profiter de vues imprenables sur l'océan. Descendez ensuite jusqu'à la plage de Pasir Putih *(p. 139)*, ou Virgin Beach, et déjeunez au Virgin Café. Après un après-midi de farniente sur la plage, le Watergarden Café (*www.watergardenhotel.com*) propose une cuisine internationale.

Jour 4

Matinée randonnée dans la luxuriante campagne de Candi Dasa avec une agence comme Paleng *(www.palengsbali.com/trekking.html)* jusqu'au fascinant village bali aga de Tenganan *(p. 130)*, puis retour à Candi Dasa pour déjeuner. Après la visite du lagon aux lotus, des soins au Spa Alila Manggis *(p. 39)* seront bienvenus, suivis d'un dîner dans le jardin romantique du Vincent's Restaurant *(www.vincentsbali.com)*.

Jour 5

À Jasri (12 km en voiture), la fabrique de chocolat Sorga *(p. 140)* vaut la visite. À 8,6 km vers le nord, le restaurant Bali Asli promet un excellent déjeuner de cuisine balinaise avec de fantastiques vues *(p. 143)*. L'architecture et les jardins des palais d'eau de Tirtagangga *(p. 136)* et Taman Ujung *(p. 139)* sont de pures merveilles. Un dîner au Warung Lesehan Mina Carik *(Jalan Ahman Yani, Amlapura)* achèvera la journée en beauté.

Jour 6

Un trajet de 21 km conduit aux temples de Pura Lempuyang *(p. 140)*, sur une colline. Si vous n'avez pas envie de gravir les 1 700 marches jusqu'au sommet, le premier temple, Pura Agung Lempuyang Tara Penah, ménage une vue stupéfiante sur le mont Agung. La route menant à Amed *(p. 141)* traverse de splendides paysages. Dans la baie de Lipah, une épave japonaise aisément accessible depuis le rivage invite à la plongée, avant un délicieux dîner au Warung Enak *(p. 141)*.

→

1

2

3

Jour 7

Lever matinal pour voir le lever du soleil sur Lombok et le retour des *jukung*, ou bateaux de pêche. Tout près d'Amed, les Cinq Sources sacrées sont accessibles à pied avec un guide. Après le déjeuner, réservez un bateau traditionnel avec son capitaine pour explorer le littoral, puis dînez au Sails Restaurant *(p. 141)*.

Jour 8

Admirez les paysages volcaniques sur la route côtière menant à Lovina, à 88 km *(p. 166)*. À Tejaula, déjeunez au charmant Cili Emas Oceanside Resort *(www.ciliemas.com)*. Dans le village voisin de Les, une courte randonnée parmi les plantations de papaye et d'ananas conduit à la cascade de Yeh Mempeh *(p. 167)*. Un peu plus loin, les sculptures humoristiques du temple de Dalem Jagaraga *(p. 167)* méritent un arrêt. En traversant Singaraja *(p. 150)* en voiture, vous découvrez la splendeur de l'ancienne capitale néerlandaise. À Lovina, à 20 min de route, votre hôtel pourra vous réserver une sortie observation des dauphins pour le lendemain.

Jour 9

Lever à l'aube pour repérer les dauphins au large de Lovina à bord d'un bateau traditionnel. Chaque matin, des groupes viennent jouer dans la baie. Ensuite, direction Pemuteran, à 45 km vers l'ouest, avec un arrêt en chemin pour visiter les vignobles de Hatten Wines à Sanggalangit *(p. 163)*. Après un après-midi plongée dans les récifs coralliens de Pemuteran, un dîner au Pondok Sari *(wwwpondoksari.com)*, au bord de la plage, sera bienvenu.

Jour 10

À 5 km, le ravissant temple de Puncak Manil est bâti autour d'une source sacrée, en hauteur. Il faut gravir des centaines de marches pour y accéder, mais une fois en haut, un somptueux panorama se dévoile au regard. Rejoignez Pemuteran pour déjeuner, puis reprenez la route. En face de l'île de Menjangan, à 12 km, le Pasir Putih Beach Club invite à un après-midi farniente dans le luxueux Menjangan Dynasty Resort *(www.mdr.pphotels.com)*, où les piscines sont alimentées par des sources chaudes.

4

5

1 Porte dans le temple royal de Taman Ayun à Mengwi. ↑

2 Raisin dans les vignobles de Sanggalangit.

3 Visiteurs observant des dauphins au large de Lovina.

4 Bar sur la plage de Seminyak, au nord de Kuta, au coucher du soleil.

5 Dans le Menjangan Resort, la Bali Tower dominant la forêt du parc national de l'ouest de Bali jusqu'à l'océan.

Jour 11

L'île de Menjangan se prête parfaitement à la plongée avec son abondante faune marine et ses eaux cristallines. L'après-midi, le Menjangan Resort *(www.themenjangan.com)* peut vous organiser une excursion à cheval dans le Taman Nasional Bali Barat (parc national de l'ouest de Bali ; *p. 149*). Au coucher du soleil, la Bali Tower du resort réserve un panorama exceptionnel sur la forêt, les montagnes à l'est de Java, l'île de Menjangan et les paysages de Bali.

Jour 12

Réservez un guide pour observer les oiseaux et repérer les animaux sauvages dans le parc national de l'ouest de Bali. Après un déjeuner au Mimpi Resort Menjangan *(p. 163)*, rien de tel qu'un après-midi détente dans les piscines du Mimpi, alimentées par des sources chaudes.

Jour 13

Départ pour l'agréable trajet de 136 km à destination de Seminyak *(p. 79)*. Première étape à Penyabangan *(p. 163)*, vers l'est, pour visiter l'Atlas South Sea Pearl Farm. À Sererit, bifurquez vers l'intérieur. À 65 km vers le sud, vous atteignez Cempaka Belimbing Villas *(www.cempakabelimbing.com)*, dans les paysages spectaculaires de Pupuan, pour un déjeuner avec vue sur les rizières. Reprenez la voiture et quittez la route principale à Mengwi pour explorer le splendide temple de Taman Ayun *(p. 154)*. Autre détour à 16 km pour celui de Tanah Lot, situé sur un îlot *(p. 156)*. Ralliez Seminyak et dînez à Mama San *(p. 78)*.

Jour 14

Après un délicieux petit déjeuner face à la mer à La Lucciola (Jalan Kayu Aya), découvrez les marchés autour de la place de Seminyak, puis déjeunez à Taco Beach Grill *(p. 78)*. L'après-midi, farniente sur la plage qui, chaque jour, est le cadre d'un rituel au coucher du soleil : assis sur des poufs, on sirote une bière ou un cocktail en écoutant de la musique live. Après un dîner à Jalan Petitenget, terminez la soirée au Red Carpet *(www.redcarpetchampagnebar.com)*.

1

3

2

→

1 La plage de Kuta, bordée de resorts.

2 Tissage songket traditionnel, village de Sade.

3 Temple de Batu Bolong, sur un rocher dominant la mer.

4 La vue depuis le restaurant Ashtari, sur une colline, Kuta.

4

10 JOURS
à Lombok et aux îles Gili

Jour 1

Depuis l'aéroport de Lombok, Kuta se trouve à 19 km au sud. Explorez la plage et ses environs *(p. 186)*, qui foisonnent d'hébergements. À 10 min de voiture à l'est, le luxueux Novotel Lombok (*www.novotellombok.com)* est situé au bord de la plage. À 6 km au nord de Kuta, les boutiques du village de tisserands de Dusun Sade proposent un large choix d'étoffes. Repartez vers le sud pour un apéritif au soleil couchant avec vue imprenable à l'Ashtari Lounge & Kitchen *(www.ashtarilombok.com)* et, si le cœur vous en dit, pour un cours de yoga sur la terrasse. Retour à Kuta, à 4 km, pour un dîner au Bush Radio *(p. 186)*, suivi d'une soirée décontractée au Surfer's Bar (Jalan Raya Bunutan 1) (au bord de la plage ; concerts le vendredi).

Jour 2

À 15 min de voiture à l'est de Kuta, la plage de Putri Nyale est réputée pour sa beauté, sa légende et la célèbre fête de Bau Nyale *(p. 187)*. Sur celle de Seger, à côté, se dresse une statue de la légendaire princesse Mandalika. À 7 min vers l'ouest, bifurquez au rond-point pour rejoindre la plage de Mandalika et le Novotel Lombok. Cédez au plaisir d'un déjeuner dans l'architecture de rêve de cet établissement chic. À 4 km vers l'est, la plage de Tanjung Aan *(p. 186)* invite au snorkelling parmi les récifs. Cela vaut la peine de gravir la colline de Merese pour admirer le coucher du soleil avant de savourer pizzas et cocktails au KRNK *(p. 186)*.

Jour 3

À 10 km à l'ouest de Kuta, la plage de Mawun *(p. 187)* se prête à la baignade et en continuant vers l'ouest, à 9 km, celle de Selong Blanak *(p. 188)* est parfaite pour les surfeurs débutants. Après un déjeuner au charmant Laut Biru Café-restaurant *(sempiakvillas.com/laut-biru-bar-restaurant)*, vous avez le choix entre le farniente sur la plage, le surf ou une sortie en mer avec les pêcheurs du coin. Au coucher du soleil, les troupeaux de buffles progressant sur la plage offrent un spectacle inattendu, avant d'opter pour la cuisine indonésienne ou occidentale du Kampung Café (Jalan Selong Belanak).

Jour 4

À 40 km vers le nord, l'intrigant village de Banyumulek *(p. 189)* mérite un arrêt pour observer les femmes qui fabriquent les poteries traditionnelles. En poursuivant vers le nord, vous atteignez Mataram *(p. 178)*, à 13 km, pour la pause déjeuner. Les amateurs de perles peuvent visiter le village de Sekarbela. L'après-midi, direction Senggigi *(p. 180)*, à 18 km vers le nord. Vous passez devant le temple hindouiste de Batu Bolong, sur un promontoire rocheux. Prenez le temps de flâner sur le front de mer de Senggigi, jalonné de cafés et de restaurants. Après un succulent dîner au Square Restaurant *(p. 180)*, vous pourrez terminer la soirée dans l'un des bars au bord de la plage.

→

1

2

3

Jour 5

Direction Bangsal, au nord, où l'on embarque pour les îles Gili *(p. 174)*. Un ferry vous conduira sur l'île la plus proche de l'archipel, Gili Air. Explorez-la à pied ou à vélo avant de vous restaurer dans l'un des nombreux cafés de la plage. Avec un tuba, vous avez toutes les chances d'apercevoir une tortue ; avec une bouteille, le rare poisson-mandarin peut être repéré dans le port au coucher du soleil. Vous pouvez aussi contempler à l'ouest de l'île le mont Agung, à Bali, qui se profile sur le ciel rougeoyant. Pour terminer la journée, rien de tel que de dîner face à l'océan, assis sur un pouf, au Mowie's Bar (Jalan Gili Air).

Jour 6

Après un réveil matinal pour assister au lever du soleil sur le mont Rinjani, à Lombok, embarquez pour Gili Meno, la plus petite et la moins développée des trois îles Gili du nord-ouest. Vous pouvez plonger dans le superbe récif de Blue Coral Point, au nord-est de l'île, ou chercher les tortues imbriquées et les tortues vertes au nord-ouest. La troisième île et la plus grande, Gili Trawangan, vous attend pour un après-midi détente dans un Spa ou pour une exploration de ses paysages à cheval avec Stud Stables, avant un dîner au bord de la plage.

Jour 7

Retour en ferry à Bangsal pour le trajet de 60 km jusqu'à Senaru, porte d'entrée du parc national du mont Rinjani *(p. 173)*. Vous empruntez la route cabossée qui longe la côte accidentée vers le nord-est, de Senggigi à Anyar, où elle tourne vers l'intérieur en direction de Bayan. Depuis la succession de baies frangées de palmiers – Karang, Mangsit, Malimbu, Teluk Kodek, Nippah, Teluk –, de superbes panoramas sur les îles Gili se dévoilent au regard. À Bayan, berceau présumé de la religion de Lombok, le *wetu telu (p. 179)*, vous découvrez la plus ancienne mosquée de l'île, étonnante construction au toit en fibres de palmier et aux murs de bambou montés sur une base en pierre. Votre hébergement, Rinjani Mountain Lodge Senaru *(www.rinjanilodge.com)*,

4

6

5

1 Chutes de Tiu Kelep, près de Senaru. ↑

2 Rue typique à Gili Trawangan.

3 Détente au Mowie's Bar, à Gili Air.

4 Coucher de soleil derrière le mont Agung, depuis Gili Air.

5 Un Spa à Gili Trawangan.

6 Snorkelling à Gili Meno.

ménage des vues époustouflantes sur la montagne. Après un déjeuner sur place, une guide vous accompagnera pour visiter le village sasak de Dusun Senaru (*www.rinjaniwomenadventure.com/senaru-village-expedition*) et ses jardins de fruits et d'épices. Ce village traditionnel, l'un des plus anciens de Lombok, abrite des maisons en bambou coiffées d'un toit de chaume. Après le dîner, laissez-vous bercer par les sons de la nature depuis la terrasse du restaurant ou votre chambre.

Jour 8

Réveil matinal pour voir le soleil se lever sur le mont Rinjani, avant de descendre un escalier avec un guide pour atteindre la cascade de Sendanggile, haute de 40 m. La balade continue le long d'un ancien canal d'irrigation jusqu'aux stupéfiantes chutes de Tiu Kelep *(p. 183)*. Vous pouvez plonger dans le bassin au pied des chutes et nager derrière la cascade principale ; vous rajeunirez d'un an, dit la légende. D'autres bassins invitent à la baignade en aval. L'après-midi, le trajet de 2 h jusqu'à Sembalun *(p. 182)* s'effectue par des routes de montagne sinueuses, à travers de splendides paysages. Rien ne vaut une nuit chez l'habitant pour une expérience authentique, avec repas sasak. En l'absence de lampadaires, la voûte céleste est magnifique au-dessus de Sembalun.

Jour 9

Journée randonnée avec un guide dans le parc national du mont Rinjani *(p. 172)*. En dehors de l'ascension du volcan, d'autres itinéraires existent, telle la Sembalun Wildflowers Walk, parcours de 9 h qui permet de découvrir les fleurs sauvages au point de vue de Savana Propok.

Jour 10

Départ de Sembalun pour le trajet de 3 h jusqu'à l'aéroport. Un arrêt s'impose dans le village de tisserandes de Sukarara, à 12 km de l'arrivée. Vous pourrez observer les femmes au travail et acheter des textiles songket.

1

2

3

4

←

[1] Rizières en terrasses de Tegallalang.

[2] Statue et singes dans la forêt des Singes.

[3] Danses traditionnelles au palais de Saren.

[4] Artisan au travail dans son atelier.

5 JOURS
à Ubud

Jour 1

Après une balade dans la forêt des Singes *(p. 98)*, remontez Jalan Hanoman *(p. 99)* et faites une halte dans le charmant café F.R.E.A.K. Vers l'est, le marché d'Ubud foisonne de produits artisanaux. Vers l'ouest, l'artère principale mène à un sentier à la hauteur d'Abangan Bungalows : 20 min de marche à travers les rizières vous mènent à Sari Organic (Jalan Subak Sok Wayah) pour le déjeuner. Après un tour dans les boutiques, une voiture avec chauffeur vous conduira au village de Petulu, à 3 km, pour le coucher du soleil *(p. 108)*. En arrivant vers 17 h 30, vous découvrirez des milliers de hérons et d'aigrettes perchés en haut des arbres. Retour à Ubud pour un spectacle de danses traditionnelles à 19 h dans la cour du palais royal, Puri Saren *(p. 96)*, suivi d'un dîner dans un *warung* au centre-ville.

Jour 2

Les fans de yoga ne doivent pas manquer l'occasion de saluer le soleil *(www.theyogabarn.com)*. Un véhicule, si besoin avec chauffeur, est indispensable pour le reste de la journée : visite de la grotte et du temple de Goa Gajah *(p. 106)*, déjeuner avec vue au Kafe Kawi (situé dans l'entrée du temple de Gunung Kawi), exploration des temples de Tampaksiring, à 13 km *(p. 110)*. Au centre d'Ubud, le Laughing Buddha Bar (www.*laughingbuddhabali.com*) est l'adresse idéale pour une soirée en musique.

Jour 3

Le musée d'art de Neka *(p. 98)* offre une excellente introduction à la peinture balinaise. À 500 m, l'Indus Restaurant *(www.casalunabali.com/indus-restaurant)* vous attend pour un déjeuner avec un superbe point de vue sur la vallée. Ensuite, à 4,5 km de l'Indus, le Jungle Fish Pool Club *(www.chapung.com/ubud)* vous promet un après-midi farniente au bord de la piscine dans un cadre sublime surplombant une gorge. Le soir, le XL Shisha Lounge (Jalan Monkey Forest 129) propose de la musique live.

Jour 4

En louant une voiture avec chauffeur-guide *(www.putu-bali.com)*, destination Kintamani pour explorer les champs de lave du mont Batur *(p. 120)*. Déjeunez au bord de la caldeira en profitant des panoramas sur le volcan et le lac. Après la visite du temple d'Ulun Danu Batur *(p. 122)*, retour à Ubud par Tegallalang *(p. 108)* et ses rizières en terrasses. Après une pause au Kampung Cafe *(p. 109)*, faites provision de produits artisanaux dans les ateliers. Pour la soirée, Betelnut (*Jalan Raya Ubud*) offre une délicieuse cuisine asiatique et un programme culturel – projections, débats, spectacles de danse, concerts.

Jour 5

Priorité à l'art avec le musée Puri Lukisan (www.*purilukisanmuseum.com*), les boutiques de créateurs et les galeries contemporaines au centre d'Ubud. Après un déjeuner au légendaire Murni's Warung *(p. 98)*, offrez-vous après-midi détente au Maya Ubud Spa *(p. 39)*, sur réservation. Vous pourrez prolonger le dîner au Hujan Locale (*www.hujanlocale.com*) avec les cocktails et la musique live du No Mas Bar (*www.nomasubud.com*).

1

2

3

4

→

1 Cérémonie hindoue au temple d'Ulun Danu Bratan.

2 Arbres géants dans la jungle tropicale du lac Tamblingan.

3 Fèves de cacao – parmi les meilleures du monde.

4 Cascade de Munduk, près du village éponyme.

3 JOURS

dans la région des lacs à Bali

Jour 1

Matin À Mengwi, la visite de la fabrique de chocolat bio Junglegold Bali *(www.junglegoldbali.com)* comprend une dégustation. Baturiti mérite un arrêt pour son marché de producteurs et le magnifique panorama vers l'est sur le mont Batur et le mont Agung. Dans la petite ville de Bedugul *(p. 166)*, au bord d'un lac, une sculpture figurant un épi de maïs et un chou accueille les visiteurs. Tournez à gauche sur Jalan Kebun Raya pour déjeuner à l'Eat Drink Love Café & Art Shop.

Après-midi Le cadre ombragé du Jardin botanique de Bali *(p. 166)*, riche de plus de 2 000 espèces, est propice à la promenade. Les amateurs de sensations fortes apprécieront les attractions d'accrobranche du site d'agrotourisme Sila *(www.thesilasagrotourism.com)*.

Soir De retour à Bedugul, le Warung Recreasi, près du lac Bratan *(www.warungrekreasibedugul.com)*, est parfait pour l'hébergement et le dîner.

Jour 2

Matin Les amateurs de golf apprécieront le spectaculaire parcours de Handara *(www.handaragolfresort.com)*, unique au monde par sa situation dans le cratère d'un volcan éteint. Les autres déambuleront à loisir dans le marché de Bukit Mungsu (en face du Warung Recreasi) parmi les fruits et les épices, les produits artisanaux et autres souvenirs. Après la visite de l'étonnant temple de Ulun Danu Bratan *(p. 166)*, Strawberry Stop, près du lac (Jalan Raya), vous propose de goûter aux fraises locales. Continuez vers le nord-ouest sur la route principale et tournez à gauche en haut de la colline en direction du village de Munduk *(p. 165)*. La route pittoresque suit le bord de l'ancienne caldeira et domine la rive nord des lacs voisins de Buyan et de Tamblingan. Pour les fans d'Instagram, arrêt obligatoire à Wanagiri Hidden Hills & Bali Swing. À Munduk, The View Restaurant *(Jalan Raya Kayu Putih ; www.plataran.com/theview-munduk)* propose des spécialités indonésiennes, avec un panorama sublime sur la vallée.

Après-midi Une randonnée facile d'environ 2h aller-retour entre caféiers et girofliers conduit à trois cascades célèbres : Munduk, Melanting et Laangan Melanting.

Soir Vous n'aurez que l'embarras du choix pour passer la nuit à Munduk.

Jour 3

Matin Au sud-ouest du lac Tamblingan *(p. 165)*, des guides proposent des balades paisibles en pirogue. Au hasard des sentiers, dans la forêt tropicale, vous découvrirez des temples cachés tels que Pura Tahun. Le déjeuner à Ngiring Ngewedang *(www.ngiringngewedang.com)* réserve des panoramas époustouflants.

Après-midi Un sentier de 2,5 km conduit au village de Munduk Tamblingan et au temple de Dalem Gubug, qui dresse son haut *meru* sur un promontoire surplombant le lac. D'autres temples cachés se découvrent lors d'une traversée du lac en pirogue. De retour sur la terre ferme, empruntez le chemin permet de rejoindre le village de Gubug à travers les pâturages.

Rizières de Bali

Le spectacle des rizières en terrasses est indissociable de l'île. Couvrant 20 % de sa superficie terrestre, ces cultures vert vif se déploient tels des escaliers géants descendant des montagnes jusqu'à la mer. La splendeur de ces paysages entièrement créés par la main de l'homme laisse aux visiteurs des souvenirs impérissables.

← Luxuriantes rizières en terrasses, avec le mont Agung en toile de fond

PANORAMAS ÉPOUSTOUFLANTS ET JOYAUX NATURELS

Volcans pointant leurs cônes en direction des nuages, gorges encaissées, cols érodés, majestueuses cascades, impressionnantes caldeiras sculptent les paysages envoûtants de Bali et de Lombok, tandis que les lacs de montagne déversent leurs eaux précieuses sur des plaines fertiles.

Pics volcaniques

L'ascension du mont Rinjani à Lombok est l'une des expériences les plus fascinantes en Indonésie. Après un trek de 4 h au-dessus du village de Sembalun (850 m de dénivelé), la magnifique vue de Propok, vallée fertile entourée de montagnes et de forêt tropicale, vous récompensera de vos efforts.

↑ Le petit volcan actif et le lac dans la caldeira du mont Rinjani

Falaises et récifs coralliens

Des falaises de calcaire vertigineuses jalonnent le littoral de la péninsule de Bukit et de l'île de Nusa Penida à Bali. À leur pied, les cultures d'algues dessinent des mosaïques, et des rubans turquoise iridescents trahissent la présence de récifs coralliens. Les spots de surf dus aux puissants rouleaux de l'océan Indien sont renommés dans le monde entier. À Lombok, une stupéfiante diversité de coraux peuple les eaux des îles Gili qui foisonnent d'espèces telles que les serpents de mer, les rascasses, les murènes et les tortues.

←

Falaise en forme de *Tyrannosaurus rex* sur la plage de Kelingking, Nusa Penida ; tortue marine *(médaillon)*

Le saviez-vous ?

Bali et Lombok abritent plus de 200 des espèces d'oiseaux recensées en Indonésie.

Cascades

Les merveilles naturelles les plus difficilement accessibles sont parfois les plus spectaculaires. Dans la régence de Buleleng, au nord de Bali, on atteint la cascade de Sekumpul après 3 h de marche à travers des plantations de caféiers, de durians et de ramboutans, l'itinéraire comportant la traversée de ruisseaux et l'ascension d'une centaine de marches. La magnifique cascade haute de 80 m est située au centre d'une vallée verdoyante, peuplée de bambous. La plus accessible dans la région, elle est formée de six à sept petites chutes alimentées par deux ruisseaux.

↑ La superbe cascade de Sekumpul et son écrin de verdure, au nord de Bali

◁ Cuisine balinaise

L'une des plus sophistiquées au monde, la cuisine balinaise est un mélange élaboré d'ingrédients frais, d'aromates et d'épices préparé dans le souci du détail et de l'harmonie. Les colorants artificiels, conservateurs et autres additifs en sont totalement exclus.

Parfums indonésiens ▷

La cuisine indonésienne se distingue par l'emploi d'aromates et d'épices fraîchement moulus qui relèvent délicatement les plats. Aux plus courants – gingembre, curcuma, galanga, coriandre, citronnelle, piment – s'ajoutent les échalotes, l'ail, le tamarin, les noix de kemiri (bancoulier) et les feuilles de pandanus. Ces judicieux mélanges font l'objet d'ajustements jusqu'à obtention de l'équilibre parfait.

UN PARADIS POUR LES GOURMETS

Des chariots de *kaki lima* (cuisine de rue) et des modestes étals appelés *warung* ou *rumah makan* aux restaurants de fruits de mer, aux cafés vegan et aux établissements gastronomiques, chacun trouvera de quoi satisfaire ses papilles aussi bien à Bali qu'à Lombok.

◁ Délicieux mangoustan

Avec sa saveur subtile rappelant celle de la pêche, de l'ananas et de la framboise, plus ce je ne sais quoi d'indéfinissable qui lui est propre, le mangoustan mérite bien sa réputation de meilleur fruit exotique d'Indonésie. Sa coque violacée cache une chair d'un blanc nacré, juteuse à souhait. Le nombre de quartiers, ou arilles, contenus à l'intérieur est identique à celui des pétales présents à la base de la coque.

◁ Seminyak, capitale gastronomique de Bali

Bali s'impose sur la scène culinaire internationale depuis le début du 21e siècle. Avec la plus forte concentration de restaurants sur l'île, Seminyak est aujourd'hui la capitale gastronomique. De nombreux cafés décontractés et restaurants branchés y proposent les répertoires culinaires du monde entier. Des décors soignés participent au charme des adresses gastronomiques.

Le saviez-vous ?

Les fleurs d'hibiscus rouges et les feuilles de pandanus vertes produisent des colorants alimentaires.

◁ Jajan Pasar

Cuits à la vapeur plutôt qu'au four, les encas et gâteaux indonésiens se distinguent de leurs équivalents occidentaux par la texture, le goût et l'aspect. Nombre d'entre eux sont à base de farine de riz, lait de coco et sucre de palme. Le manioc, le tapioca, la farine de sagou, les œufs et la patate douce entrent aussi dans leur préparation, avec des parfums comme la vanille, le durian et le chocolat. Haricots, fromage et banane ou viande et carottes composent les garnitures.

COURS DE CUISINE

Pour se familiariser avec la scène culinaire de Bali et de Lombok, rien de tel que les cours de cuisine. Vous apprendrez à préparer le mélange d'épices appelé *bumbu* avant de concocter un repas complet que vous pourrez déguster ensuite. Les formations proposées sur les deux îles durent toute la matinée et s'achèvent par un déjeuner qui permet de tester les fruits de son travail. Parmi les meilleures écoles figurent Bumbu Bali à Tanjung Benoa et Gili Cooking Classes à Gili Air.

△ Brûlante Lombok

Rien d'étonnant que la cuisine de Lombok soit si prisée : le nom de l'île signifie « piment ». Elle décline une profusion de saveurs, textures et parfums exotiques, faisant la part belle aux spécialités épicées. Dans les principaux quartiers de Kuta et de Senggigi ainsi que sur les îles Gili, les adresses traditionnelles proposant d'authentiques saveurs sasak côtoient les restaurants où sont servies les différentes cuisines du monde.

Accrobranche

Sautez d'arbre en arbre à l'Agrotourisme de Sila *(www.thesilasagrotourism.com)*, un parc de loisirs de plein air à proximité de Bédugul. Ponts suspendus, treuils, cordes, filets et tyroliennes permettent aux visiteurs d'explorer la forêt depuis la cime des arbres. Pas un fan des hauteurs ? vous pourrez tester la grande roue, le quad, les parcours à vélo etc.

→ La grande roue colorée de l'Agrotourisme de Sila

DES ÎLES À DÉCOUVRIR EN FAMILLE

Paradis des enfants, qui sont bienvenus partout, Bali offre une large palette d'activités pour des séjours en famille, des sports d'aventure aux parcs à thème. Forte de ses merveilles naturelles, Lombok réserve de belles surprises pour des vacances sportives, avec des enfants plus âgés.

Snorkelling et baignade

À Lombok, les plages de sable blanc se prêtent idéalement à la baignade et au snorkelling avec leurs eaux turquoise cristallines. Celles de Mawun *(p. 187)* et de Tanjung Aan *(p. 186)*, à l'est, se nichent dans des criques. Sur la plage de Senggigi, ne manquez pas le fabuleux spectacle du soleil couchant avec, à l'arrière-plan, le majestueux mont Agung.

Snorkelling parmi les coraux dans les eaux transparentes de Lombok ↑

Lâchers de tortues

Chassées pour la viande, les œufs et les carapaces, les tortues vertes et les tortues imbriquées qui évoluent dans les eaux côtières de l'Indonésie sont aujourd'hui en danger. Leur existence est également menacée par la perte des lieux de nidification et par la pollution de l'eau. Des initiatives sont nées à Bali pour récupérer les œufs et les faire incuber dans des couvoirs. Les jeunes tortues sont ensuite regroupées dans des réservoirs jusqu'à ce qu'elles soient suffisamment robustes pour nager dans l'océan. Les émouvants lâchers de tortues organisés entre avril et octobre à Kuta par la Société des tortues marines de Bali font le bonheur des enfants *(www.baliseaturtle.org)*.

←

Lâcher de bébés tortues ; tortues imbriquées dans un réservoir *(médaillon)*

CONSEIL D'INITIÉ

Tenter le surf

Après avoir regardé les pros frapper les vagues, vos petits pourraient vouloir s'essayer au surf. De nombreuses écoles de l'île, comme Up2U à Kuta, organisent des sessions réservées aux enfants *(www. up2usurf école.com)*.

Se rafraîchir en s'amusant

Élu meilleur parc aquatique d'Asie, le fantastique Waterbom Bali *(www.waterbom-bali.com)* est idéal pour une sortie d'une journée en famille. Petits et grands n'auront que l'embarras du choix entre les attractions. Les toboggans répondent aux noms évocateurs de Python, Boomerang, Pipeline, Climax ou Constrictor, qui vous entraîne sur un parcours de 250 m avec des virages à 90°.

→

Descente d'un ruisseau sur une bouée au Waterbom Bali

Les Spa balinais

Pour une expérience authentique, préférez les établissements spécialisés, qui utilisent des produits naturels et des remèdes traditionnels. Outre les massages balinais, thaïs ou aux pierres chaudes, soins ayurvédiques et shiatsu aux pieds nus figurent au programme. Des pratiques énergétiques complètent l'offre : *watsu*, massage aquatique qui alterne les gestes de bercement, d'étirement et de pression sur les méridiens ; harmonisation des chakras ; thérapie cranio-sacrée ; reiki ; massages *chi nei tsang*. Des activités comme le yoga, les arts martiaux et la méditation sont aussi proposées.

→ Harmonisation des chakras dans la piscine à débordement d'un Spa

S'OFFIR UN SÉJOUR BIEN-ÊTRE

Rien ne vaut une séance dans un Spa pour soulager la fatigue, éveiller les sens et apaiser l'esprit. En dehors des établissements spécialisés, beaucoup d'hôtels et de salons de beauté proposent des soins traditionnels et modernes pour des parenthèses de bien-être.

Précieux *boreh*

Remède ancestral, le *boreh* est utilisé par les Balinais pour soulager les douleurs musculaires et activer la circulation après les longues journées passées dans les rizières. En mélangeant des épices en poudre – bois de santal, girofle, cannelle, coriandre, curcuma, muscade – avec de la poudre de riz, on obtient un baume parfumé que l'on applique sur le corps pour le réchauffer. L'un des meilleurs soins pratiqués dans les Spa balinais, le *boreh* est excellent pour ses propriétés décontractantes ainsi que pour gommer et adoucir la peau.

→ Épices indonésiennes traditionnelles utilisées dans les Spa

TOP 3 SPAS BALINAIS

Spa Alila Manggis
alilahotels.com/manggis/spa-alila
Dans une forêt, face à la mer, ce Spa possède deux *bale* pour des soins relaxants.

Maya Ubud Spa
spaatmaya.com/ubud
Luxueuses chambres et villas dans cet établissement qui restitue l'âme d'un village balinais.

Prana Spa, Seminyak
811 3861 761
Renouez avec les rituels des rois et des reines dans un décor opulent.

↑ *Bale* balinais au toit de chaume, ouvert sur les côtés, pour les massages

↑ Massage crânien relaxant pour activer la circulation et embellir la peau

MANDI LULUR

Le célèbre soin indonésien est né dans les palais royaux du centre de Java. Le rituel commence par un massage complet du corps, suivi d'un gommage avec un mélange parfumé à base d'ingrédients exotiques : bois de santal, curcuma, graines broyées, riz, herbes, fleurs de jasmin. Il se termine par l'application de yaourt épicé sur l'ensemble du corps.

Massages

Si les massages vous intéressent, essayez les salons Jari Menari (« doigts dansants »), implantés à Seminyak et Nusa Dua. Récompensés par de nombreuses distinctions, ils sont connus pour le professionnalisme des praticiens (exclusivement masculins) qui travaillent en rythme, associant des mouvements doux et fluides avec des pressions fermes et régulières. Les élégantes cabines inondées de lumière ouvrent chacune sur un bassin rempli de carpes koï. Vous pouvez vous initier à la pratique en participant à l'un des ateliers d'une journée organisés régulièrement *(www.jarimenari.com)*.

Plage « vierge » à Bali
Près de Candi Dasa, la plage frangée de cocotiers de Pasir Putih (« sable blanc »), également appelée Virgin Beach, se déploie entre deux promontoires verdoyants *(p. 139)*. Cette étendue de sable idyllique est accessible en voiture ou mieux, par la mer à bord d'un *jukung*, bateau de pêche traditionnel *(www.palengsbali.com)*.

←
La plage de Pasir Putih, avec transats et parasols à louer

UN DÉFILÉ DE PLAGES DE RÊVE

Si les plages de Lombok sont connues pour leur sable blanc, notamment à l'ouest et au sud de l'île, avec une étendue rose au sud-est, celles de Bali se déclinent dans une palette de couleurs, du blanc et du blond au noir brillant en passant par différentes nuances de brun, de gris et d'argenté.

POINT PHOTO
Plage de Kelingking
La plus photogénique des plages de Nusa Penida, Kelingking (« petit doigt » en indonésien), est un délicieux havre de paix au sable blond et aux eaux turquoise caché au pied d'une haute falaise *(p. 33)*. Elle est accessible par un sentier abrupt de 400 m, mais la plupart des visiteurs préfèrent la photographier du haut de la falaise.

Le littoral sud de Lombok
Certains des paysages côtiers les plus spectaculaires de Lombok se concentrent au sud, dans les environs de Kuta, qui offre un visage radicalement différent de son homonyme balinais. Des étendues de sable blanc et doré, balayées par les vents, sont séparées par des promontoires rocheux. Célèbres pour leurs rouleaux propices à la pratique du surf, les superbes plages de Kuta et de Tanjung Aan invitent à la baignade à marée basse avec leurs eaux calmes *(p. 186)*.

→
La plage paradisiaque de Kuta, à Lombok, avec ses eaux turquoise cristallines

↑ Dream Beach, avec son sable blanc et ses eaux bleu foncé, Nusa Lembongan

Dream Beach, Nusa Lembongan

Sur l'île de Nusa Lembongan *(p. 89)*, au large de la côte sud de Bali, Dream Beach est une magnifique baie de sable blanc bordée par la mangrove. Sur le promontoire qui la domine, on trouve un restaurant, un club et des paillotes servant d'hébergements. À proximité, ne manquez pas Devil's Tear (« la larme du diable ») : dans cette crique, les vagues viennent s'écraser de toute leur force contre les rochers en formant des jets d'eau impressionnants – spectacle à contempler de loin.

CURIOSITÉ

Plage rose

Au sud-est de Lombok, la spectaculaire Pantai Tangsi, ou Plage rose, est encore préservée du tourisme de masse. Elle doit sa couleur aux fragments de corail rouge, déposés par la mer, qui se mélangent avec le sable.

Péninsule de Bukit

À Bali, la péninsule de Bukit *(p. 82-86)* abrite certaines des plus belles plages de l'île. Nombre d'entre elles, nichées au pied de falaises, sont accessibles par des escaliers abrupts. Pour les trouver, renseignez-vous auprès des surfeurs. Les noms de ces spots de renommée mondiale sont inspirés par les vagues qui se fracassent contre les récifs : Uluwatu, Padang Padang, Impossibles, Bingin, Dreamland, Balangan, Nyang Nyang, Green Bowl.

↑ La plage d'Uluwatu, célèbre spot de surf sur la péninsule de Bukit ; surfeur à Padang Padang *(médaillon)*

▽ Marchés d'art et d'artisanat
Ces marchés sont autant prisés des visiteurs que de la population locale. La plupart regroupent de petites échoppes dans un espace en partie ouvert sur l'extérieur. D'autres, tel l'immense marché d'art de Kumbasari à Denpasar *(p. 70)*, occupent un bâtiment qui leur est dédié. Les allées grouillent de vendeurs, d'acheteurs, d'œuvres d'art et d'objets d'artisanat. Prenez le temps de marchander !

UN ARTISANAT D'ART
SÉCULAIRE ET CRÉATIF

À l'instar des riches expressions artistiques – tels les arts du spectacle ou la peinture – qui font la renommée des deux îles, les nombreuses traditions artisanales sont au cœur de la vie quotidienne et participent pleinement à l'identité culturelle de Bali et de Lombok. Beaucoup de villages sont spécialisés dans une pratique artisanale.

△ L'art du batik
Les motifs du batik, tradition artisanale indonésienne, s'obtiennent en couvrant en partie une étoffe de cire avant de la teindre. La teinture ne pénètre pas dans la cire, que l'on fait fondre avant d'appliquer une nouvelle couche pour créer des motifs multicolores. Exécutés avec un instrument dans le batik tulis, ils sont imprimés avec des tampons dans le batik cap.

DEMANDE INTERNATIONALE

L'artisanat d'art balinais est à l'origine d'un marché dynamique. Vendus dans les boutiques et sur les marchés locaux, les objets sont aussi exportés dans le monde entier, constituant des sources de revenus appréciables pour nombre de Balinais. Les créations se déclinent des bibelots, vêtements et cerfs-volants aux sculptures sur bois et aux peintures.

▽ Travail de la pierre

La tradition de la sculpture sur pierre est très vivace à Bali, les styles variant d'un village à un autre. Les motifs sont souvent plus élaborés pour les lieux de culte, même si l'iconographie ne se différencie guère de celle des habitations. Marquant le passage entre le monde intérieur et le monde extérieur, les portes sont les supports de remarquables oeuvres. Le village de Batubulan *(p. 102)* est le principal centre de la sculpture sur pierre à Bali.

△ Travail du bois

Les villages de Bali spécialisés dans la sculpture sur bois, tels que Mas *(p. 105)* ou Tegallalang *(p. 108)*, résonnent des coups de maillet des artisans, assis en tailleur dans les rues parmi les copeaux de bois. À l'aide d'outils finement affûtés, ils tapotent, taillent, cisèlent le bois pour créer des effigies, des masques, des motifs décoratifs.

▷ Poterie

À Lombok, de nombreux villages vivent de la poterie. Cruches, pots et jarres, plats, vases et lampes comptent parmi les nombreux objets fabriqués à la main. Dénués d'ornements, les pots de Banyumulek *(p. 189)* séduisent par leur simplicité ; Masbagik est connu pour ses motifs géométriques ; Penujak *(p. 185)* est spécialisé dans les pots décorés de motifs animaux.

◁ Matériaux naturels

Beaucoup d'objets artisanaux, fonctionnels ou décoratifs, sont fabriqués avec des végétaux : rotin, feuilles de pandanus et de bananier, bambou, racines, os, coque de noix de coco, corne de buffle. Leurs ornements sont aussi d'origine naturelle. Des boîtes et des maquettes de bateaux sont même réalisées avec des clous de girofle.

Sports nautiques

À Tanjung Benoa *(p. 82)*, à Bali, des agences proposent de nombreuses activités nautiques : wakeboard, jet ski, parachute ascensionnel, kayak, excursions en bouée gonflable et fly fish – bouée tractée par un hors-bord, qui s'envole avec la vitesse. À Lombok, ces sports nautiques se pratiquent à Senggigi *(p. 180)* et aux îles Gili *(p. 174)*.

←

Parachute ascensionnel en tandem, l'un des sports nautiques les plus populaires à Tanjung Benoa, Bali

TOUT POUR JOUER LES AVENTURIERS

Surf, voile ou plongée, les eaux qui baignent les îles de Bali et de Lombok ont largement de quoi combler les amateurs de sports nautiques. À l'intérieur, les sportifs pourront gravir des volcans, descendre des rapides en rafting ou s'élancer en parapente du haut des falaises.

Canyoning

Les cours d'eau de Bali et de Lombok, qui traversent des gorges encaissées, sont propices au canyoning. Ce sport consiste à descendre des rivières en négociant des rochers, des cascades et autres obstacles à l'aide de disciplines variées : trekking, spéléologie, escalade, descente en rappel, sauts, toboggans ou nage. À Bali, les parcours se concentrent à proximité de Bedugul et de Kintamani ; à Lombok, près du village de Gumantar, dans le nord. Le plus facile dure environ 1 h 50 ; les plus exigeants, entre 3 et 4 h, avec des descentes en rappel de 50 m *(parcours tous niveaux sur : www.adventureandspirit.com ; canyoning.id)*.

→

Le stupéfiant Beji Guwang (canyon caché) à Sukawati, Bali

POINT PHOTO
Blancheur éclatante

À Lombok, près de Senaru, les magnifiques chutes de Tiu Kelep sont très photogéniques. Baignez-vous dans le bassin situé au pied *(p. 183)*.

Ascension du mont Rinjani

Pour vous lancer un défi à la fois physique et mental, rien de tel que de partir à l'assaut du mont Rinjani *(p. 172)*, à Lombok, et de sa farouche beauté. Le trek de trois jours jusqu'à son sommet offre des expériences inoubliables : vous vous baignerez dans le lac niché au creux de la caldeira, à côté du mont Baru, volcan actif qui se signale par ses fumerolles, et vous dormirez sous une tente au bord du cratère.

→ Aire de camping sur le sentier menant au sommet du mont Rinjani, Lombok

Planer comme un aigle

À Bali, la plage de Timbis est sans conteste le meilleur spot de parapente. Offrez-vous un vol en « tandem » avec un moniteur *(www.baliparagliding.com)* pour découvrir les rivages de l'océan Indien en longeant des falaises. Chaque année, de mai à octobre, les alizés qui soufflent sur l'océan permettent d'effectuer un fantastique vol de 12 km.

← Parapente au-dessus de l'océan Indien depuis la plage de Timbis, péninsule de Bukit, sud de Bali

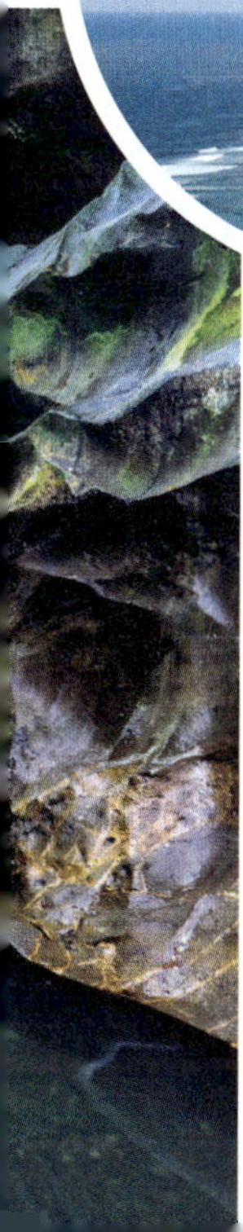

Rafting

À Bali, les amateurs de sensations fortes peuvent pratiquer le rafting sur l'Ayung et la Telaga Waja dans un cadre d'exception : jungle, gorges, cascades, rizières. Les guides certifiés de Wira Rafting Bali vous accompagnent pour diriger l'embarcation en toute sécurité dans les torrents et les rapides. Particulièrement spectaculaire pendant la saison des pluies, d'octobre à avril *(www.raftingbali.net)*.

→ Rafting dans la gorge de l'Ayung près d'Ubud, à Bali – une aventure palpitante

Canang sari

Indissociables de la vie quotidienne des Balinais, les offrandes aux divinités se déclinent dans un large éventail de formes. En flânant dans les rues, vous remarquerez obligatoirement les petits plateaux en feuilles de palmier tressées le long des trottoirs et au pied des escaliers. Ces offrandes, appelées *canang sari*, sont déposées deux fois par jour en signe de gratitude devant les maisons et les entreprises, les temples et les sanctuaires, sur les statues ainsi que dans les carrefours, pour éviter les accidents.

→ Plateaux en feuille de palmier contenant des *canang sari* (offrandes)

FASCINANTES CULTURES

DE BALI ET DE LOMBOK

Marchés de nuits et leurs spécialités culinaires, musées, spectacles de danse et de musique, villages traditionnels, cérémonies hindoues à Bali et sasak à Lombok : les occasions et les lieux ne manquent pas pour vous immerger dans la culture des deux îles, dont chacune garde ses spécificités.

Musicien sasak jouant du *gendang beleq* « gros tambour » dans un village de Lombok ↑

Gendang beleq

À Lombok, les ensembles de *gendang beleq* participent à l'identité culturelle de l'île. Lors des grands événements et cérémonies, des groupes de musiciens aux tenues colorées jouent, dansent et défilent avec leurs instruments, dont deux gros tambours.

PANORAMA
Rizières

À Bali, le village de Jatiluwih *(p. 160)* est classé au patrimoine mondial de l'Unesco pour ses rizières en terrasses et sa préservation des techniques agricoles traditionnelles.

> **NOTRE CONSEIL**
> **Spectacles de danse**
> Les spectacles destinés aux visiteurs (90 min) rivalisent avec les danses sacrées en termes de qualité ; les meilleurs danseurs et musiciens des deux îles se produisent pour les étrangers. Les grands hôtels proposent régulièrement des dîners-spectacles. Le Bali Arts Festival *(p. 52)* programme de la danse et du théâtre.

Danses traditionnelles

Les danses balinaises tirent leurs origines des rituels de transe et du *wayang* javanais, genre dramatique dans lequel les comédiens portent des masques et des coiffures colorées. Dérivé d'un rituel utilisé jadis pendant les épidémies, le *kecak* est exécuté dans le cadre des cérémonies religieuses. À Lombok, les danses rituelles des Sasak mettent souvent en scène des hommes au combat.

← Danseuse balinaise avec costume et maquillage traditionnels

Irrigation des rizières

La longueur de la saison sèche à Bali explique que l'irrigation des rizières constitue un enjeu majeur. Elle s'effectue à l'aide d'un système ancestral qui est géré par les agriculteurs au sein de coopératives villageoises appelées *subak*. L'eau captée dans les cours d'eau est acheminée par un réseau élaboré de canaux, de tunnels et d'aqueducs jusqu'au sommet des terrasses, d'où elle s'écoule ensuite de rizière en rizière.

↑ Rizières irriguées par un système datant du 11e siècle à Bali

Un havre de sérénité au cœur de la jungle

Sur un versant du mont Batukau, le Pura Luhur Batukau *(p. 160)* ou « noble temple de la noix de coco » est dédié aux divinités des montagnes et des lacs. Il a été édifié par la famille royale de Tabanan, dont les descendants continuent d'entretenir les sanctuaires. Ce haut lieu de la spiritualité balinaise, invitant à la contemplation et à la méditation, mérite largement le déplacement.

→

Pavillons du temple de Luhur Batukau, sur un versant du mont Batukau

LES TEMPLES

AU CŒUR DE LA VIE SPIRITUELLE BALINAISE

Centres de la vie spirituelle à Bali, les temples ou *pura* sont les demeures éphémères des dieux. Pour faciliter les échanges entre le monde divin et le monde profane, ils sont ouverts et dépourvus de toit, les murs et les portails servant uniquement à repousser les puissances néfastes.

Pura Kehen

Situé à l'écart des itinéraires touristiques, le temple de Kehen *(p. 136)* remonte au royaume de Bangli. C'est le deuxième temple le plus vaste de Bali et l'un des plus impressionnants, avec ses terrasses rythmées par des statues, aménagées à flanc de colline dans un cadre luxuriant.

→

Le Pura Kehen, ancien temple du royaume de Bangli

POINT PHOTO
Sur un îlot

Le Pura Tanah Lot *(p. 156)* est l'un des sites les plus photographiés de Bali. Sa silhouette se détachant sur le soleil couchant offre un spectacle à couper le souffle.

Pura Dalem Jagaraga

Près de Singaraja, le temple de Dalem Jagaraga *(p. 167)* est célèbre pour ses somptueuses sculptures illustrant des scènes de vie à l'époque coloniale. On y voit notamment un bateau à vapeur néerlandais, attaqué par un monstre marin, qui envoie un signal de détresse ; des bandits armés retenant deux Européens dans une vieille Ford ; des avions de la Seconde Guerre mondiale plongeant dans la mer lors d'un combat aérien.

← Détail d'une sculpture dans le temple de Dalem Jagaraga

BÉNÉDICTIONS DE LA PLEINE LUNE

À Bali, la pleine lune, ou *purnama*, est considérée comme un moment faste – pour se soigner, par exemple, ou pour prendre des décisions. À cette occasion, les dieux sont honorés avec des offrandes de fruits et de fleurs. Ils descendent sur Terre pour donner leur bénédiction, selon les hindous balinais, qui participent à des cérémonies dans les temples et à des rituels de purification avec eau bénite, encens, pétales de fleurs et grains de riz.

Processions et fêtes

En séjournant plus de quelques jours à Bali, vous avez toutes les chances de pouvoir assister à une procession ou à la fête d'un temple. Ces événements font partie intégrante de la vie quotidienne sur l'île. Dans les processions, les femmes transportent sur leur tête des *gebogan* – offrandes de fruits hautes et élaborées. D'opulentes fêtes appelées *odalan* commémorent la fondation des temples.

↑ Fidèles transportant des offrandes colorées lors d'une procession à Ubud

Gunung Batukaru

Dans la régence de Tabanan, à Bali, le mont Batukau, ou Batukaru, un volcan éteint, est le deuxième sommet le plus élevé de l'île *(p. 160)*. La région revendique une biodiversité exceptionnelle, comme en attestent ses flancs escarpés, remplis de ruisseaux, de fougères, de fleurs sauvages et de plantes grimpantes. Cerfs, papillons, dragons volants, *landak* (porc-épic) et *lubak* (mangouste) font partie de la faune. Des guides proposent aux visiteurs des randonnées faciles et des treks exigeants jusqu'au sommet, à 2 276 m d'altitude.

→

Le mont Batukau, dont les eaux irriguent les rizières, vergers et plantations de caféiers alentour

À BALI ET À LOMBOK, DES VOLCANS SPECTACULAIRES

Bali et Lombok sont situées dans la zone volcanique qui s'étire de Sumatra à la mer de Banda. Les majestueux sommets des monts Agung et Rinjani veillent sur les paysages envoûtants de ces deux îles voisines.

Gunung Seraya

Le mont Seraya domine le littoral est de Bali du haut de ses 1 090 m d'altitude. Un guide peut vous accompagner dans la randonnée facile au départ du village de Bangle, sur le versant est, qui mène à Toye Masem, les Cinq Sources sacrées. Protégées chacune par un sanctuaire, elles se différencient par la saveur unique de leur eau. Un défi même pour les marcheurs les plus expérimentés, l'ascension jusqu'au sommet réserve un panorama fantastique aux plus téméraires.

←

Paysage de rizières avec, en toile de fond, le mont Seraya et le mont Lempuyang

POINT PHOTO

Volcan et rizières

Réveil matinal pour ne pas manquer l'apparition des cônes, au centre et à l'est du mont Batukau, surgissant au-dessus des rizières au lever du soleil, par temps clair.

← Vue fantastique au sommet du mont Batukau – une belle récompense après tant d'efforts !

Gunung Catur

Sur la rive est du lac Bratan *(p. 166)*, le mont Catur, un volcan éteint, est le quatrième pic le plus élevé de l'île (1 861 m). Comptez environ 3 h pour l'ascension jusqu'au sommet dans des paysages luxuriants. Vous rencontrerez des macaques crabiers, des sanctuaires et d'anciennes maisons de villégiature datant de l'époque coloniale. Du sommet, le point de vue sur le lac Tamblingan est spectaculaire. Sur le bord de la caldeira, le temple de Pucak Mangu a été construit vers 1830.

CURIOSITÉ

Lac de cratère

À Lombok, la caldeira du mont Rinjani *(p. 172)* est en partie occupée par un lac d'un bleu ensorcelant, en forme de croissant, complété de cascades, de sources chaudes, et dominé par le cône volcanique du mont Baru (« nouvelle montagne »). La découverte de ce joyau naturel est réservée aux grimpeurs chevronnés.

↑ Le lac Tamblingan vu depuis le bord de la caldeira du mont Catur

À VOS AGENDAS BALI ET LOMBOK

JANVIER

△ **Nouvel An chinois** *(janv.-fév.)*. Les Balinais et les Sasak d'origine chinoise le célèbrent avec des festins, des décorations, des défilés mettant en scène la danse du dragon et la danse du lion *(barongsai)*.

FÉVRIER

△ **Galungan** *(date var.)*. Tous les 210 jours dans le calendrier balinais, ce jour férié marque la descente sur Terre des esprits des ancêtres et des divinités balinaises.

Bau Nyale *(fév.-mars)*. À Lombok, la fête la plus populaire a lieu lorsque des milliers de vers marins viennent pondre leurs œufs sur les plages des environs de Kuta. Musique et danses célèbrent l'événement.

MAI

△ **Takbir Parade** *(mai-juin - date var.)*. Les habitants de Lombok célèbrent la fin du ramadan avec ce défilé spécifique à l'île.

JUIN

△ **Festival des arts de Bali** *(mi-juin-mi-juil.)*. Pendant un mois, la culture et les traditions artistiques balinaises sont à l'honneur à Denpasar : danse traditionnelle et contemporaine, théâtre d'ombres, concerts, expositions d'art.

SEPTEMBRE

△ **Festival de Senggigi** *(déb. sept.)*. Quatre jours dédiés à l'art et à la culture de Lombok : théâtre de rue, musique et danses traditionnelles, produits artisanaux, cuisine de rue.

Balinale, festival international du cinéma de Bali *(fin sept.)*. Pendant une semaine, le plus grand événement cinématographique de l'Indonésie promeut ses meilleurs talents.

OCTOBRE

△ **Festival littéraire d'Ubud** *(déb. oct.)*. Un rendez-vous incontournable pour les passionnés de littérature qui viennent du monde entier assister aux interviews, lectures, conférences, lancements de livres, ou écouter du slam.

Festival Nusa Dua *(mi-oct.)*. Une semaine d'expositions, de représentations théâtrales, de défilés de mode et de gastronomie.

MARS

△ **Pengrupukan** *(déb.-mi-mars)*. Partout à Bali, la veille de Nyepi, des processions chassent les esprits malveillants avec des gongs, des tambours et des démons en papier mâché *(ogoh-ogoh)*.

Nyepi *(mi-fin mars)*. Le Nouvel An hindou est un jour de silence, avec jeûne et méditation. L'aéroport et les entreprises sont fermés, tout le monde reste chez soi et toutes les lumières sont éteintes.

AVRIL

△ **Bali Spirit Festival** *(déb. avr.)*. À Ubud, cette fête axée sur la spiritualité met à l'honneur santé, yoga, bien-être, musiques du monde, initiatives citoyennes et préservation de l'environnement.

Ubud Food Festival *(mi-avr.)*. Trois jours dédiés à la gastronomie balinaise et aux répertoires culinaires du monde entier.

Gendang Beleq Festival *(mi-avr.)*. Partout à Lombok, des ensembles menés par des joueurs de tambour accompagnent des danseurs.

JUILLET

△ **Fête du Bâton** *(juil.)*. À Lombok, Senggigi est le meilleur endroit pour assister à cet événement : les hommes rivalisent de force et d'agilité en s'affrontant avec des bâtons et des boucliers, accompagnés par des musiciens.

Fête du Cerf-volant *(juil.-août)*. Compétitions entre les équipes de différents villages qui construisent et font voler des cerfs-volants géants (jusqu'à 4 x 10 m).

AOÛT

△ **Fête de l'Indépendance de l'Indonésie** *(17 août)*. Ce jour férié commémore la fin du colonialisme. On décore les maisons en rouge et en blanc, on hisse le drapeau national et on tire des feux d'artifice.

Festival de jazz d'Ubud *(mi-août)*. Légendes du jazz et jeunes talents d'Indonésie et du monde entier se produisent pendant deux jours.

NOVEMBRE

△ **Festival des arts et de la culture de Badung** *(mi-nov.)*. La culture, les arts, et les danses balinaises sont à l'honneur durant une semaine.

DÉCEMBRE

△ **Muland Pekelem** *(déc.)*. Pour la pleine lune, pèlerinage des hindous de Lombok au lac Segara Arak, cratère du mont Rinjani.

Perang Topat *(déc.)*. Au temple de Lingsar, à Lombok, hindous et musulmans prient pour une année de bonnes récoltes avant de se livrer à des batailles de riz gluant bon enfant.

1

REPÈRES HISTORIQUES

L'emplacement stratégique et la beauté naturelle de Bali et Lombok, deux minuscules îles de l'archipel indonésien, suscitèrent la convoitise de l'est de Java tout proche, mais aussi des colons hollandais et des spécialistes du tourisme, qui tous contribuèrent à façonner leur histoire et leur identité.

Premières traces d'une présence humaine

Bien que l'Homo Sapiens soit apparu en Indonésie entre il y a 60 000 et 45 000 ans, on sait peu de choses sur Bali et Lombok à l'époque préhistorique. Des vestiges suggèrent que des hommes vécurent à Bali à l'âge de la pierre dans des cavernes, fabriquant des outils avec des os d'animaux. Plus tard, vers 1 500 av. J.-C., ils furent rejoints par des ethnies austronésiennes venues de Chine par la mer, qui émigrèrent en Asie du Sud-Est et dans le Pacifique. Vers le 3e siècle, à l'âge du bronze, des personnes d'origine chinoise et vietnamienne s'installèrent à Gilimanuk pour cultiver la terre.

1 Carte néerlandaise de Bali et Lombok au 18e siècle. ↑

2 Statue au temple de Maospahit, Denpasar, capitale de l'Empire mojopahit.

3 Gravure néerlandaise figurant le roi balinais et son entourage, 1597.

4 Lombok en 1894, pendant la conquête néerlandaise.

Chronologie

2,500 av. J.-C.

Preuves d'une présence humaine à Bali à l'âge de la pierre.

414

Documents chinois mentionnant l'existence de deux écoles hindouistes à Java sur le continent indonésien.

1293

Fondation du royaume de Mojopahit à Java.

1343

Invasion de Bali par le souverain et général javanais Gajah Mada, qui bat le roi à Bedulu.

2

3

4

Les royaumes balinais

Pendant des siècles, Bali et Lombok échappèrent à la domination de Java, la plus grande des îles indonésiennes actuelles, située juste à l'ouest de Bali. En 1478, les choses changèrent quand les rois hindous mojopahit fuirent l'est de Java après la victoire du sultanat musulman de Demak qui occupait jusque-là le nord de l'île et se réfugièrent à Bali. Leur règne fut de courte durée. Vers 1550, Bali passa aux mains du Waturenggong, souverain de Gelgel, qui créa un royaume unique s'étirant de l'est de Java jusqu'à l'île de Sumbawa.

Lombok conserva son indépendance vis-à-vis de Java et Bali jusqu'au 17e siècle. C'est à cette époque que des groupes de Makassar peuplant l'île voisine de Sumbawa envahirent l'est de l'île et que des Karangasem venus de l'est de Bali franchirent le détroit de Lombok pour s'implanter dans l'ouest de Lombok. Il s'ensuivit une période de luttes entre les royaumes féodaux de Bali et Lombok. Le royaume de Gelgel se scinda en 1651, donnant naissance à neuf royaumes distincts à Bali. Puis, en 1750, Lombok se morcela en quatre royaumes : Pagesangan, Pagutan, Mataram et Cakranegara.

↑ Statue de Gajah Mada, souverain de l'Empire hindou de Mojopahit

Début du 16e siècle

Des prêtres et des artisans indo-javanais s'exilent à Bali pour fuir l'islam qui gagne du terrain à Java.

1597

Arrivée à Bali des premiers navires hollandais en quête d'épices. Des comptes-rendus enthousiastes sur l'île parviennent en Occident.

1651

Scission de Bali en neuf royaumes : Klungkung, Buleleng, Karangasem, Mengwi, Badung, Tabanan, Gianyar, Bangli et Jembrana.

1838

Union des quatre royaumes de Lombok qui deviennent une partie du royaume de Mataram.

1

2

La domination néerlandaise

La marine marchande hollandaise était depuis des siècles très puissante en Europe. Au début du 17e siècle elle étendit son champ d'action, ouvrant des routes commerciales partout dans le monde. Fondée en 1602, la compagnie hollandaise des Indes orientales jeta son dévolu sur l'Asie afin d'exploiter ses ressources naturelles. À Bali, elle tira parti du morcellement des royaumes pour s'emparer d'une grande partie de l'île. Vers 1849, elle contrôlait le nord et l'est de Bali. Dans sa tentative d'expansion, elle se heurta à une résistance farouche. En 1906 la cour de Badung préféra la mort lors d'un *puputan* (suicide rituel collectif) à la reddition. Ce fut également le cas en 1908 de la cour de Klungkung. À Lombok, les Néerlandais furent en revanche perçus comme des libérateurs mettant fin à la domination balinaise. En fait, le colonialisme causa une famine qui décima la population de l'île pendant près de 50 ans.

L'essor touristique

Les récits des Néerlandais vantant la beauté de Bali et Lombok incitèrent les Européens à entreprendre un voyage difficile en bateau jusqu'aux îles. Vers 1930, Bali accueillait jusqu'à 100

LE DERNIER PARADIS

Les premières images de Bali – les dessins du Néerlandais W.O.J. Nieuwenkamp et les photos de l'Allemand Gregor Krause – ont attiré les Occidentaux vers l'île. Certains visiteurs ont fini par s'y établir, principalement à Ubud et à Sanur, cultivant le mythe de « l'île des dieux », où « tout le monde est artiste ».

Chronologie

1894

Les Hollandais contrôlent toute l'île de Lombok ; le royaume de Mataram est démantelé.

1908

Suicide de masse de la famille royale à Klungkung ; les Hollandais occupent l'intégralité de Bali.

1928

Ouverture du premier hôtel international, le Bali Hotel, à Denpasar.

1942

Invasion japonaise et retrait des Néerlandais.

3

visiteurs par mois – un chiffre impressionnant pour l'époque. Face à cet afflux croissant de touristes, les Néerlandais investirent dans les infrastructures. Ils mirent en place un service de ferry entre Banyuwangi dans l'est de Java et Gilimanuk à Bali, construisirent la première route sur l'île, ainsi qu'un aéroport en 1938. Il devint possible d'accéder à Bali et Lombok de quelque lieu que ce soit.

L'entrée sur la scène mondiale

En devenant ainsi plus accessible, Bali fut entraînée dans la Seconde Guerre mondiale. Ayant débarqué à Sanur, les forces japonaises vinrent à bout d'une garnison hollandaise démoralisée. Elles mirent alors le cap sur Lombok. Après avoir vaincu les Néerlandais, elles occupèrent l'île. Les Japonais dirigèrent Bali et Lombok sans modifier le système établi par les Néerlandais, c'est-à-dire en réquisitionnant les denrées, provoquant famine et épidémies. L'Indonésie profita de la fin de la guerre pour proclamer son indépendance, le chef nationaliste Sukarno devenant le premier président. Les Néerlandais, qui souhaitaient cependant récupérer leur colonie, s'emparèrent à nouveau de Lombok et tentèrent de rétablir leur pouvoir à Bali, mais firent face à une résistance acharnée et reconnurent finalement l'indépendance de l'Indonésie en 1949.

1 Affiche de Willem Gerard Hofke pour le Bali Hotel, v. 1920. ↑

2 Le retour des Néerlandais, 1946.

3 Proclamation de l'indépendance par Sukarno, 1945.

Le saviez-vous?

Le dernier *puputan* de l'histoire balinaise eut lieu sous le commandement de Gusti Ngurah Rai à Marga en 1946.

1945

Le Japon se rend ; Sukarno devient président de l'Indonésie.

1946

Retour des Néerlandais, qui massacrent le colonel Gusti Ngurah Rai et 95 guérilleros.

1950

Bali et Lombok deviennent partie intégrante de l'Indonésie.

1956

Sukarno démantèle la démocratie parlementaire et supprime la libre entreprise.

1

2

Sukarno et Suharto

La présidence de Sukarno était fragile car l'économie indonésienne avait beaucoup souffert de la Seconde Guerre mondiale. Le parti communiste était devenu très populaire. L'éruption à Bali du volcan Gunung Agung ajouta à l'angoisse générale, provoquant la mort de 1 600 personnes et le déplacement de 100 000 autres. D'importantes étendues de terres arables et de cultures furent détruites, d'où une pénurie alimentaire. Désespérée, la population se tourna alors vers le parti communiste, qui tenta un coup d'état à Jakarta. Sukarno accorda un pouvoir accru au chef de l'armée, Suharto, qui entreprit d'éradiquer le communisme en massacrant ses sympathisants, des Chinois et d'autres minorités. Au moins un million d'Indonésiens périrent. La population se mit à craindre Suharto et ses forces.

Le second boom touristique

Devenu président en 1967, Suharto, avec le soutien de l'armée et de son régime prônant un « Ordre nouveau », dirigea l'Indonésie d'une main de fer. Il interdit l'islam, religion dominante à Lombok. Pour financer son gouvernement,

[1] Panache de fumée émanant du mont Agung, à Bali, en 1963. ↑

[2] Parasols et poufs multicolores pour les visiteurs, plage de Kuta, Bali.

[3] Vue aérienne de la plage de Nusa Dua à Bali, l'un des nombreux resorts de l'île.

Chronologie

1963
Éruption du mont Agung ; 1 600 tués et 100 000 sans-abri.

1965-1966
Putsch avorté et purge anticommuniste : plus de 500 000 personnes tuées à Bali et à Lombok.

1967
Suharto remplace Sukarno à la tête de l'Indonésie.

1971
Programme de développement touristique lancé par le gouvernement indonésien.

3

il ouvrit le pays au tourisme de masse, faisant de Bali la vitrine de ce dernier. Dans les années 1990, l'île accueillit 400 000 touristes par an, devenant l'une des provinces les plus prospères de l'archipel. Lombok, elle, attira peu de visiteurs et ne bénéficia pas de cette manne touristique. La situation se dégrada en 2000 quand des militants islamistes attaquèrent des édifices chinois, chrétiens et balinais sur l'île. Des attaques terroristes frappèrent également Bali en 2002 et 2005, freinant temporairement le tourisme.

Bali et Lombok aujourd'hui

En 2019, le président Joko Widodo annonça le plan des « 10 nouveaux Bali ». Ce dernier visait à faire profiter du tourisme les 18 307 autres îles de l'archipel. Cette initiative permit de nouveaux investissements à Lombok, créant notamment la station balnéaire de Mandalika, mais fut critiquée en raison de la corruption et des expulsions que cela entraîna. En 2020, le plan fut stoppé par la pandémie de COVID-19, qui ébranla l'économie centrée sur le tourisme de Bali et Lombok. Le changement climatique porta aussi un coup dur au pays, qui a subi 2 291 inondations, glissements de terrains et ouragans en tout en 2020.

↑ Roses plantées dans le sable suite à l'attentat de Jimbaran, Bali, 2005

1998

Crises économiques et émeutes à Jakarta ; démission de Suharto.

2000

Émeutes à Lombok ; des centaines de maisons, d'églises, d'entreprises chinoises, chrétiennes et balinaises sont pillées et brûlées.

2017

Réveil du mont Agung ; villageois évacués.

2018

Séismes à Lombok ; plus de 550 victimes.

2020–2022

Très dépendante du tourisme, Bali est très durement frappée par la pandémie de COVID-19.

DÉCOUVRIR BALI ET LOMBOK

Sur la plage de Seminyak au crépuscule

L'entrée de la plage de Kuta au soleil couchant

LE SUD DE BALI ET LA PÉNINSULE DE BUKIT

Denpasar, capitale provinciale de l'île depuis 1958, est aujourd'hui une ville animée en plein cœur du sud de Bali. De la fin du 18e siècle au début du 19e siècle, elle fut la capitale du royaume de Badung, qui dominait le sud de l'île à l'époque. Sous le règne de Kesiman, qui gouverna Badung de 1829 à 1863, les Néerlandais furent autorisés à établir un comptoir commercial à Kuta en 1826. Quand ils tentèrent de s'implanter davantage dans la province, ils rencontrèrent une forte résistance, notamment en 1906, quand une procession de 4 000 hommes, femmes et enfants s'avança jusqu'au palais de Badung pour se livrer à un *puputan* (suicide collectif). Dans les années 1930, le sud de Bali devint la porte d'entrée de toute l'île, un port étant inauguré à Sanur et un aéroport édifié à Kuta. Les complexes hôteliers poussèrent comme des champignons et dans les années 1960, le sud de Bali était le haut lieu du tourisme de l'île. Reliée à l'extrême sud de Bali par une fine bande de terre, la péninsule de Bukit est prisée pour ses plages.

Tanah Lot
Munggu
Gaji
Ubung Kaja
LE NORD ET L'OUEST DE BALI
p. 144
Cemagi
Kangkang
Ubung
Kayutulang
Kerobokan
Raja
Pererenan
Pemecutan Kaja
Kerobokan
Padangsambian
Anyarbelodan
7
CANGGU
Semor
Tegal Kertha
Umalas
Kerobokan Klod
Padangsambian Klod
Petitenget
Pengubengan
Taman
Batannyuh
Basangkasa
SEMINYAK
6
Geladag
Pemecutan
KUTA ET LEGIAN
4
Pelasa
Baie de Kuta
Sakah
Rangkansari
5
PLAGE DE SOUTH KUTA
Océan Indien
ROUTE À PÉAGE DE BALI MANDARA
Aéroport international Ngurah Rai
Kedonganan
9
PORT DE BENOA
Baie de Jimbaran
JIMBARAN
11
Tegalwangi
Kuta Selatan
Mumbul
BINGIN BEACH
15
Simpangan
GARUDA WISNU KENCANA
Ancak
PADANG PADANG BEACH
13
12
UNGASAN
ULUWATU
16
17
Banket
Péninsule de Bukit
1
PURA LUHUR ULUWATU
14
PECATU
Kutuh
0 kilomètre 2
0 mile 2
N

LE SUD DE BALI ET LA PÉNINSULE DE BUKIT

Incontournables

1. Temple de Luhur Uluwatu
2. Denpasar
3. Sanur
4. Kuta et Legian

À voir également

5. Plage de South Kuta
6. Seminyak
7. Canggu
8. Pulau Serangan
9. Port de Benoa
10. Cap Benoa
11. Jimbaran
12. Parc culturel Garuda Wisnu Kencana
13. Plage de Padang Padang
14. Pecatu
15. Plage de Bingin
16. Uluwatu
17. Ungasan
18. Nusa Dua
19. Nusa Penida
20. Nusa Lembongan
21. Nusa Ceningan

→ Le *meru* à trois étages dédié à Nirartha, qui atteignit l'illumination en méditant sur le site

1 TEMPLE DE LUHUR ULUWATU

D5 Au bout de Jalan Uluwatu, Uluwatu t.l.j. 9h-18h

L'un des lieux de culte les plus sacrés de Bali, mais aussi l'un des plus beaux fleurons de l'architecture balinaise, le temple de Luhur Uluwatu, à la pointe sud-ouest de l'île, compte parmi les nombreux sanctuaires dédiés aux divinités protectrices de l'océan.

Si les origines du temple demeurent auréolées de mystère, la tradition attribue sa fondation durant le 11e siècle au prêtre et architecte Mpu Kuturan. Cinq siècles plus tard, il est reconstruit par le réformateur Dang Huang Nirartha, fondateur de la branche shivaïte de l'hindouisme balinais, qui choisit le site pour dernière demeure terrestre.

Une partie du temple s'écroule dans la mer juste avant le *puputan* (suicide collectif) de la cour de Badung, consécutif à l'invasion néerlandaise de 1906 *(p. 55)* – un présage, dira-t-on, de la catastrophe imminente. À la fin des années 1990, plusieurs sanctuaires sont détruits par des orages, augurant des troubles économiques et politiques à venir.

Jusqu'au début du 20e siècle, l'accès au temple sera réservé aux princes de Badung. Pour y pénétrer, les visiteurs doivent couvrir leurs épaules et leurs genoux ; des sarongs et des ceintures *(sash)* sont à louer moyennant une somme modique.

↑ Pèlerins hindous rassemblés au temple de Luhur Uluwatu pour une cérémonie rituelle

Le saviez-vous ?

Le temple est sacré pour les pêcheurs, qui y honorent la déesse de la Mer, Dewi Laut.

↑ Le temple de Luhur Uluwatu et son site fabuleux, au sommet d'un promontoire

Conception du temple

Inacessibles aux visiteurs, les sanctuaires intérieurs peuvent cependant être aperçus de l'extérieur. Les murs en corail gris, extrêmement dur, ont préservé le temple et sa statuaire en pierre des outrages du temps. Les deux parties de l'entrée principale, répondant au nom de *candi bentar* ou « portail fendu », sont surmontées d'ornements en forme d'ailes tournées vers l'intérieur. Ce portail marque le passage entre le monde profane et le monde divin.

Les trois cours du temple font écho à la conception tripartite de l'univers, partagé entre le divin, l'humain et le diabolique. Dominant la cour centrale, un énorme portail à voûte arquée est gardé par des effigies de Ganesha, le dieu de la Connaissance, à tête d'éléphant, qui lève les obstacles. Au sommet du portail, la tête monstrueuse de Kala apparaît entre ses mains tendues, qui repoussent les esprits malveillants. Créateur de la lumière, qui règne sur les ténèbres, Kala a pour mission d'équilibrer les forces opposées. Derrière la pagode principale du petit sanctuaire intérieur, la statue en calcaire d'un brahmane, probablement Dang Huang Nirartha, veille sur l'océan Indien.

SECRET D'INITIÉ
Visite

La fin de l'après-midi, lorsque la brise monte de l'océan, est idéale pour visiter le temple. Une représentation de *kecak* y a lieu chaque jour au soleil couchant. Méfiez-vous des singes, toujours prêts à chaparder des objets !

→ Illustration du temple de Luhur Uluwatu, perché sur un promontoire

↑ Statue de Hanuman, dieu-singe de la mythologie hindoue

Le *candi bentar* (« portail fendu »), entrée principale du temple ↑

↑ Le portail à voûte arquée menant à la cour intérieure

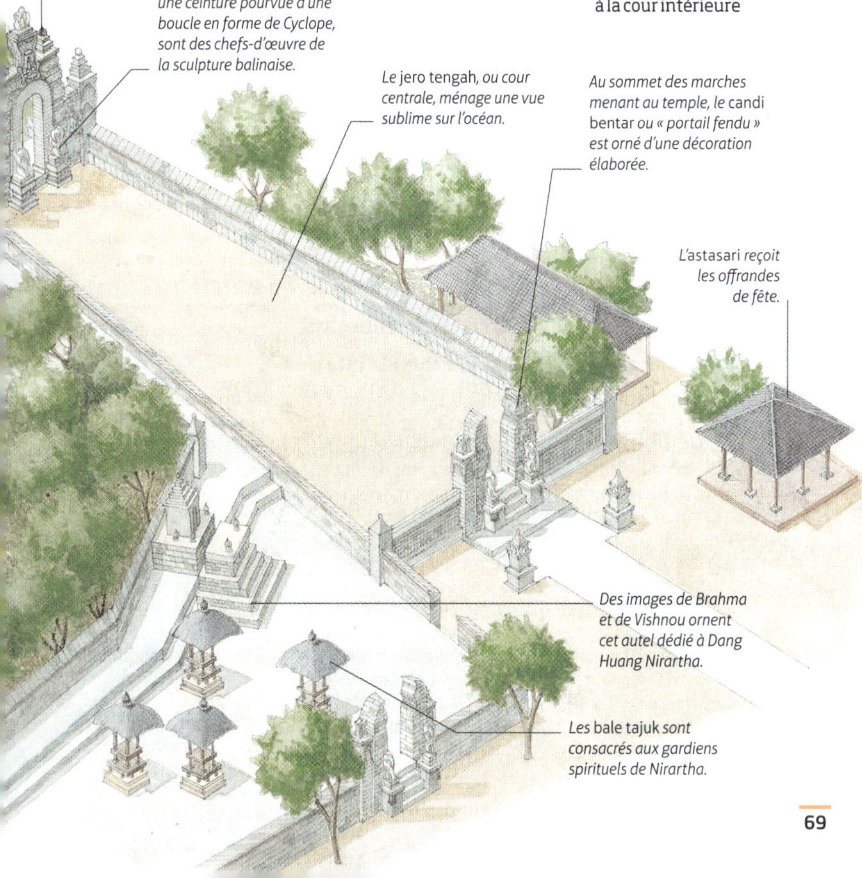

2

DENPASAR

E4 de Kuta, Sanur et Nusa Dua Jalan Raya Puputan 41, Renon ; (0361) 235 600

L'affairée et bruyante capitale provinciale de Bali conserve quelques vieux édifices datant d'avant la conquête de la ville par les Néerlandais en 1906, ainsi que des bâtiments coloniaux. Ses rues sont ponctuées de statues rendant hommage aux héros de la lutte pour l'indépendance de l'Indonésie, et l'artère principale, Jalan Gajah Mada, abrite les magasins de gros des négociants chinois, arabes et indiens.

①

Pasar Badung

Jalan Gajah Mada t.l.j.

Très coloré et doyen du genre à Bali, ce marché fort animé attirant des commerçants des quatre coins de l'île, comprend une vaste section embaumée par les fleurs vendues pour la confection des offrandes *(p. 46)*.

Les étals de fruits, légumes, et poisson (*de 6h à midi*) regorgent d'espèces tropicales spectaculaires. Ne manquez pas les marchands de tissus, de vannerie et de costumes de danse traditionnels pour faire de bonnes affaires.

②

Marché de Kumbasari

Jalan Gajah Mada t.l.j. 5h-17h

De l'autre côté de la rivière, en face de Pasar Badung, des marchandises de toutes sortes s'entassent sur quatre étages labyrinthiques : produits artisanaux, œuvres d'art, vêtements, étoffes, bijoux en or.

Au rez-de-chaussée, des vases et jarres cérémoniels côtoient des offrandes et des paniers. Le premier étage est dédié aux vêtements bon marché, textiles traditionnels et autres produits artisanaux. Au deuxième, on trouve des sculptures sur bois balinaises et des créations en provenance de Lombok. Sur la mezzanine entre les 2e et 3e étages, une échoppe vend des peintures à des prix très doux. Des œuvres d'art sont également proposées au 3e étage. Le 4e accueille les produits venus du monde entier.

③

Jalan Gajah Mada

Plusieurs pittoresques herboristeries chinoises bordent cette artère animée. Toko Saudara compte parmi les mieux approvisionnées. Les autres magasins proposent appareils électroniques, articles de sport, artisanat ou tissus traditionnels.

SECRET D'INITIÉ

Havre de paix

Bruyante, Denpasar recèle des rues calmes et arborées dans le quartier des affaires de Renon. Le monument Bajra Sandhi, qui évoque la lutte pour l'indépendance, offre des vues panoramiques.

←
Étals de fruits et d'épices sur le vaste marché de Pasar Badung

④

Taman Puputan

⌂ Jalan Udayana et Jalan Surapati

Puputan se traduit par « combat rituel jusqu'à la mort ». Ce vaste espace (où se situait jadis le palais de Denpasar) possède une statue commémorant l'héroïque *puputan* de 1906 des rajahs contre l'invasion hollandaise. *(p. 55)*. Le monument représente une famille balinaise brandissant les armes. La femme tient des bijoux dans une main – les courtisanes auraient jeté leurs joyaux aux soldats néerlandais en signe de protestation. Aujourd'hui, le parc offre une oasis de verdure au milieu de l'agitation de la capitale.

⑤

Catur Muka

⌂ Angle NO du Taman Puputan

À l'intersection de quatre rues, sur le terre-plein adjacent au Taman Puputan, se dresse une statue en pierre haute de 20 m, représentant Brahma, le dieu hindou de la Création, pourvu de quatre têtes. *Catur Muka* signifie « quatre visages ». La statue a été conçue dans les années 1970 par le célèbre artiste balinais Gusti Nyoman Lempad.

Le saviez-vous ?

Important centre commercial depuis toujours, Denpasar signifie « le marché nord ».

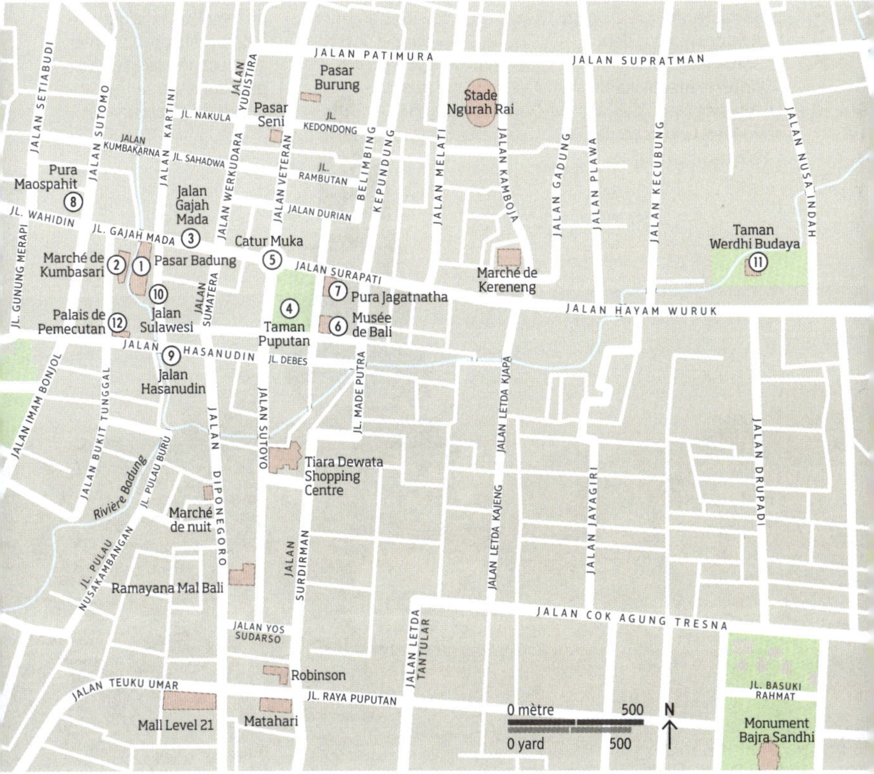

⑥

Musée de Bali

Jalan Mayor Wisnu 1, côté E du Taman Puputan (0361) 222 680 lun.-jeu. 8h-16h, ven. 8h-12h30 j. fériés

Le plus ancien musée de l'île abrite plus de 10 000 pièces réparties dans plusieurs pavillons. Des trouvailles archéologiques datant de la civilisation mégalithique, des masques, des étoffes tissées dans les villages bali aga côtoient des objets cérémoniels et des expositions sur l'architecture ou le théâtre balinais. L'agencement des cours et l'ornementation des murs et des portails s'inspirent de celles d'un palais royal du Denpasar de jadis. Les pavillons de Tabanan (masques, instruments de musique), de Karangasem (sculptures, peintures) et de Buleleng (étoffes) respectent le style des régions dont ils portent le nom.

Visitez le musée librement, en refusant les guides non accrédités. La plupart des notices sont en anglais.

FAIRE DES ACHATS À DENPASAR

Jalan Sulawesi, la rue des étoffes, en propose de toutes sortes. Les boutiques, le plus souvent étroites, profondes et faiblement éclairées, sont remplies de rouleaux de tissu jusqu'au plafond. Ne vous laissez pas importuner par ceux qui vous proposent leurs services de guides. Pour les bijoux en or, direction Jalan Hasanudin, la rue des joailliers. Si vous changez d'avis après avoir effectué un achat, la plupart des boutiques acceptent le retour de la marchandise (avec le certificat de garantie) et remboursent le montant en déduisant de 5 à 10 % de frais. Elles sont généralement ouvertes tous les jours de 9h à 21h.

⑦

Temple de Jagatnatha

Taman Puputan, Jalan Letkol Wisnu t.l.j.

Ce temple consacré à Sang Hyang Widhi Wasa, dieu suprême du panthéon hindo-balinais, a été édifié dans les années 1970. Il s'emplit de dévots à la pleine et à la nouvelle lune et, deux fois par mois, pour Kajeng Kliwon, jour propice à la purification de l'âme. Le temple possède un imposant *padmasana* (« trône au lotus »), sanctuaire coiffé d'un siège vide.

⑧

Temple de Maospahit

Jalan Sutomo, Grenceng au public

Bâti entre le 13e et le 15e siècles, à l'époque où les Mojopahit régnaient sur Bali *(p. 54)*, ce temple a été gravement endommagé par un séisme, en 1917, et reconstruit depuis. Le style élégant et plutôt sobre du temple est typique de l'époque Mojopahit. L'intérieur n'est pas accessible, mais on peut apprécier l'architecture du temple depuis la rue.

⑨

Jalan Hasanudin

Vous trouverez dans cette rue, très fréquentée par la population locale, des bijoux en or de style balinais, indonésien et occidental.

⑩

Jalan Sulawesi

Ces trois pâtés de maisons regorgent d'étoffes en tout genre : des batiks bon marché, aux soieries et brocarts d'importation. C'est ici que les Balinaises viennent acheter leur tenue pour aller au temple et les délicates dentelles de leur *kebaya* (corsage cintré traditionnel).

⑪

Taman Werdhi Budaya

Jalan Nusa Indah
(0361) 227 176 mar.-dim. 8h-15h30 (ven. 13h)
j. fériés

Parfait pour fuir agréablement les heures les plus chaudes de la journée ! Connu sous le nom de Centre des arts de Bali, ce centre culturel comprend, au sein d'un vaste et agréable jardin, un musée proposant des expositions d'art contemporain, des salles de spectacle et un théâtre de verdure. Des représentations de danse et de musique y sont parfois programmées.

La collection permanente de sculptures et de peintures met à l'honneur l'art des années 1970 et 1980. Des expositions temporaires présentent des œuvres plus récentes. Consultez le *Bali Post* et les brochures touristiques.

↑ Boutique proposant un large choix de textiles sur Jalan Sulawesi

← Le sanctuaire du trône au lotus dans le temple de Jagatnatha

⑫

Palais de Pemecutan

Jalan Thamrin 25
(0361) 423 491

Au cœur de la cité historique, le palais de Pemecutan a été la première résidence royale de Denpasar à ouvrir ses portes au public. Il est toujours habité par l'actuel roi de la capitale.

L'architecture élaborée du palais et les superbes temples domestiques remontent au 17e siècle. Le complexe est structuré en deux parties : les quartiers d'habitation et le lieu de culte. La vaste cour extérieure renferme une tour de *kulkul* et un pavillon à gamelan. Un portail richement ouvragé conduit à la cour intermédiaire, qui abrite un *balairung*, ou grande salle, où le roi tient toujours ses audiences. Une scène accueille des représentations de danse et de théâtre.

↑ Détail d'une sculpture dans l'enceinte du palais de Pemecutan

3

SANUR

E4 de Denpasar, Candi Dasa, Kuta, Lovina, Padang Bai et Ubud Denpasar ; (0361) 754 092

Avec son atmosphère paisible, la plus ancienne station balnéaire de Bali séduit les visiteurs en quête d'un séjour reposant, offrant les services et les équipements d'une ville en bord de mer.

①

Temple de Desa

Jalan Hang Tuah t.l.j.

C'est le plus ancien quartier de Sanur. Ce sanctuaire de village (Pura Desa), réputé pour la puissance spirituelle de ses prêtres, date du début du 20e siècle.

②

Pura Blanjong

Jalan Danau Poso t.l.j.

Ce sanctuaire renferme une colonne très ancienne connue sous le nom de *Prasasti Blanjong*. Elle est gravée du plus ancien édit (914), jamais retrouvé à Bali. Il révèle que Sanur était un port de commerce animé il y a plus de 1000 ans, mais le texte, rédigé dans une forme de sanskrit, n'a pu être qu'en partie déchiffré.

③

Plage de Sanur

Cette promenade pavée court le long de la plage de Sanur. Au large, d'énormes vagues déferlent sur une barrière de corail, et des courants rendent la baignade dangereuse. Entre le récif et le sable blanc, l'eau est calme, mais si peu profonde qu'il est impossible d'y nager à marée basse. Le lagon se prête surtout à la découverte, avec masque et tuba, de la faune marine, et à des promenades en *jukung*, barque balinaise à balancier.

↑ Le temple de Blanjong abrite une colonne portant une inscription en sanskrit

④

Promenade de la plage

Une promenade pavée bien entretenue, incluant une piste

↑ Superbe lever de soleil au-dessus des eaux calmes de la plage de Sanur

cyclable de 5 km, court le long de la plage de sable, protégée de l'érosion par d'importants travaux qui ont également permis de préserver le récif corallien. À intervalles réguliers, des jetées en pierre aboutissent à un pavillon *(bale)* où s'attardent les pêcheurs. La promenade accueille deux marchés d'artisanat et, à l'extrémité nord, l'embarcadère pour les îles de Nusa Lembongan et de Nusa Penida.

Fisherman's Club
Le restaurant de l'hôtel Andaz Bali propose fruits de mer et poissons extra-frais au barbecue, à déguster installé face à la mer.
Jalan Danau Tamblingan 89a
hyatt.com
Rp Rp Rp

Kayumanis
Une excellente adresse mêlant avec succès cuisines balinaise et occidentale. Réservation conseillée.
Jalan Pantai Sindhu
kayumanissanur.com
Rp Rp Rp

Naga Eight
Belle carte de plats cantonais à découvrir dans cet élégant restaurant du centre de Sanur.
Jalan Danau Tamblingan 89
nagaeight.com
Rp Rp Rp

5

Temple de Segara

Jalan Segara Ayu, ou depuis Sanur Beach t.l.j.

Bâti dans le parc du Segara Village Hotel mais accessible au public, ce temple *(pura)* en corail possède un pavillon des offrandes pyramidal, unique à Sanur. Cette caractéristique formelle prouverait l'origine préhistorique du sanctuaire.

6

Museum Le Mayeur

Jalan Hang Tuah, au N du Grand Inna Bali Beach Hotel (0361) 286 201 t.l.j. 8h-15h30 (ven. 8h30-12h30)

La maison construite dans les années 1930 par le peintre d'origine belge Adrien Le Mayeur, l'un des premiers résidents européens de Sanur, a été transformée en musée après sa mort en 1958. Elle abrite environ 80 œuvres de l'artiste qui, pour la plupart, offrent une vision colorée et idéalisée de la vie balinaise. L'épouse de l'artiste, la danseuse balinaise Ni Pollok, a inspiré de nombreux tableaux.

7

Jardin d'orchidées Duta

Jalan Bypass Tohpati, Kasamba 1 t.l.j. 8h-18h
dutaorchidgarden.com

Ce magnifique jardin botanique est un paradis tropical renfermant une grande diversité d'orchidées fleurissant toute l'année. Vous aurez même la possibilité d'en acheter.

Barques de pêcheurs regagnant le rivage le long de la superbe plage de Kuta

4

KUTA ET LEGIAN

E4 Jalan Raya Kuta et Jalan Pantai Kuta 2 ; (0361) 754 092

Bruyante et trépidante, la célèbre station balnéaire de Kuta et Legian est le principal pôle touristique de Bali. Les rues sont bordées d'hôtels, de bars, de restaurants, de night-clubs et de boutiques, tandis que la longue plage de sable attire les surfeurs. Shopping et vie nocturne sont les principales attractions, en dehors de la plage et des sports nautiques.

1

Plages de Kuta et Legian

La longue étendue de sable s'étire sur plus de 3 km, dominée par d'imposants hôtels. Toute la journée, des vendeurs ambulants y proposent des boissons et autres marchandises, et on y loue des planches de surf. L'endroit est idéal pour les débutants, qui doivent néanmoins se méfier des courants. Leur force rend aussi la baignade dangereuse en dehors des zones de sécurité. Au nord de Jalan Melasti, la plage de Kuta se prolonge par celle de Legian. Cette belle étendue de sable blanc distille une atmosphère un peu plus paisible que sa voisine. Derrière, un dédale de rues offre un large choix d'hébergements convenant aux familles.

2

Poppies Lanes I & II

Dans une partie de la ville à l'atmosphère détendue, à l'écart du bruit, ces deux ruelles abritent de nombreux hôtels, des bars et de petites boutiques. L'un des premiers hôtels de Kuta est le Poppies, auquel ces ruelles doivent leur nom.

3

Jalan Legian

L'artère commerçante de Kuta court parallèlement à la plage depuis Bemo Corner, carrefour très fréquenté au sud. La rue, qui relie Kuta et Seminyak, aligne restaurants, loueurs de planches à voile, boutiques de mode et d'artisanat, salons

Le saviez-vous ?

Le tourisme à Bali a commencé vers 1930 sur la plage de Kuta.

de massage et de réflexologie. L'un des principaux centres de la vie nocturne à Bali, elle ne manque ni de bars ni de discothèques, telles les adresses cultes The Bounty, Vi Ai Pi ou Sky Garden, dotées d'un toit-terrasse.

④

Bali Bombing Memorial

Jalan Legian, Kuta

Cet élégant monument en pierre est dédié aux victimes de l'attaque terroriste subie à Kuta le 12 octobre 2002. Bâti sur les ruines de l'ancien Paddy's Pub, il porte une plaque de marbre gravée des nationalités et des noms des 202 victimes. Parmi lesquelles quelque 88 australiens, 38 indonésiens et 23 britanniques, ainsi que des victimes de 19 autres pays. Sans compter les 209 blessés. La première bombe explosa au Paddy's Pub à 23h05, poussant les clients à s'enfuir, suivie 20 secondes plus tard par une forte explosion à la voiture piégée devant le Sari Club de l'autre côté de la rue.

⑤

Kuta Square

t.l.j. 9h-22h

La galerie marchande la plus ancienne de Bali regroupe une multitude de commerces, tels le grand magasin Matahari, des joailliers, un point de vente de batik haut de gamme, des magasins de souvenirs et de sport ainsi que des boutiques de créateurs. Parmi les enseignes dédiées au surf figurent Dreamland Surf, Kuta Lines, Quiksilver, Volcom, Rip Curl et Billabong. Des marques de luxe internationales comme Armani, Gucci, Versace ou Donna Karan sont également présentes. Il convient de se méfier des contrefaçons, le meilleur indicateur étant généralement le prix. Kuta Square abrite aussi une bonne sélection de restaurants.

Poppies Restaurant
Cette institution de Kuta sert fruits de mer ultrafrais, plats indonésiens et internationaux parmi les fleurs et les cascades.

Poppies Lane 1/19, Jalan Legian, Kuta
poppiesbali.com

Rp Rp Rp

Rosso Vivo Dine & Lounge
Grand choix de pizzas, de plats de pâtes et de desserts dans ce confortable restaurant italien offrant une vue imprenable sur l'océan.

Jalan Pantai Kuta, Kuta rossovivobali.com

Rp Rp Rp

Made's Warung
Plats indonésiens, thaïs, japonais et occidentaux figurent au menu de la table la plus célèbre de Kuta, ouverte en 1969.

Jalan Pantai Kuta, Banjar Pande Mas, Kuta
madeswarung.com/kuta

Rp Rp Rp

Au nord de Jalan Melasti, la plage de Kuta se prolonge par celle de Legian. Cette belle étendue de sable blanc distille une atmosphère un peu plus paisible que sa voisine.

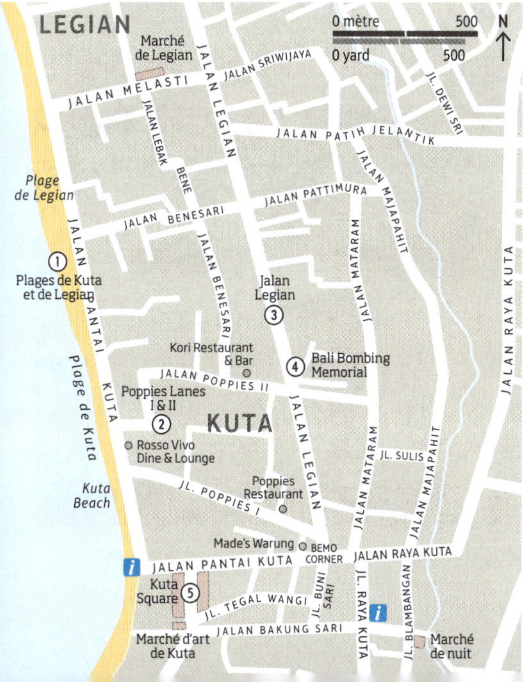

À VOIR ÉGALEMENT

CRATE
Un espace café, galerie d'art et boutique en plein-air où les habitants de Caggu viennent pour voir et être vus.

E4 Jalan Canggu Padang Linjong 49, Canggu lifescrate.com

Rp Rp Rp

Queen's Tandoor
Tandooris, currys et biryanis participent à la renommée de cette excellente table indienne.

E4 Jalan Kartika Plaza, South Kuta bali.queens tandoor.com

Rp Rp Rp

Taco Beach Grill
La cuisine inventive de cette adresse mêle influences mexicaines, californiennes et balinaises dans des plats comme les burritos de *babi guling*.

E4 Jalan Kunti 8, Seminyak tacobeachgrill.com

Rp Rp Rp

Mama San
Mets asiatiques réconfortants dans un cadre digne du Shangai des années 1920.

E4 Jalan Raya Kerobokan 135, Seminyak mamasanbali.com

Rp Rp Rp

5

Plage de South Kuta

E4 depuis Kuta
Kuta ; (0361) 754 092

La zone urbaine de South Kuta Beach, également appelée Tuban, s'étire le long de Jalan Kartika Plaza depuis Kuta Square en direction de l'aéroport. À la suite de travaux importants, la plage a retrouvé sa splendeur passée, et des investissements massifs ont donné naissance à des hébergements élégants et à des équipements de classe internationale. Cette localité qui accueille surtout une clientèle familiale offre un large choix d'hébergements, des modestes pensions aux hôtels de catégorie intermédiaire et aux complexes cinq-étoiles, qui disposent souvent de plusieurs restaurants, de toits-terrasses avec bar et de Spa.

Le long de la plage de sable blanc, la promenade en bois de 3 km est idéale pour flâner, faire du jogging ou du vélo, en s'arrêtant ici et là dans une boutique, un restaurant ou un café. Vous aurez l'embarras du choix parmi les adresses offrant une cuisine variée et les galeries marchandes comme Discovery Mall ou Lippo Mall, où le Cinemaxx

Jeune garçon jouant avec les cerfs-volants vendus par son père sur la plage de South Kuta

↑ Vue aérienne de la plage de Seminyak avec le volcan Agung en arrière-plan

programme chaque jour dans ses trois salles les derniers blockbusters hollywoodiens. Les deux galeries, climatisées, permettent d'échapper momentanément à la chaleur. Le long de la promenade, on trouve aussi de superbes boutiques, le Kuta Art Market sur Jalan Bakung Sari et de nombreux Spa, tandis que bars et discothèques à foison offrent soirées cabaret, musique live et pistes de danse jusqu'au bout de la nuit. Pour les familles, le **Waterbom Bali** réunit des toboggans aquatiques, une aire réservée aux enfants, une rivière tranquille, des équipements pour les massages, des restaurants et des gazébos entourés de jardins tropicaux.

La plage est le point de départ des surfeurs expérimentés qui se risquent sur les déferlantes de Kuta Reef. Des pêcheurs louent leurs services pour rejoindre le spot sur des pirogues équipées d'un moteur.

Waterbom Bali
Jalan Kartika Plaza Tuban waterbombali.com

6

Seminyak

E4 depuis Kuta
Kuta ; (0361) 754 092

Seminyak s'étend dans le prolongement de Legian. Même si l'atmosphère y est plus paisible, elle est également devenue un important centre touristique. De bonnes boutiques de mode y proposent du prêt-à-porter élégant, fabriqué dans la région.

Le luxueux Oberoi Hotel possède un jardin très agréable qui domine la mer. Le Potato Head Beach Club, avec ses trois bars, ses trois restaurants et ses multiples piscines et le très chic W Retreat, avec restaurant et Spa, se trouvent plus au nord, dans le quartier de Petitenget.

Une courte promenade sur la plage au nord de Seminyak conduit au **temple de Petitenget** (Pura Petitenget). Le « temple du Coffre magique », qui s'élève à 8 m au-dessus de la chaussée, fut fondé au 16e siècle par Dang Hyang Nirartha, fondateur de la prêtrise shivaïte à Bali. C'est l'un des nombreux temples marins s'étirant sur la côte depuis Pura Luhur Uluwatu, au nord de la péninsule de Buket, jusqu'à Pura Tanah Lot, à l'ouest de Bali.

Toujours plus au nord, entre Seminyak et Kerobokan, la route traverse une zone artisanale où abondent des magasins de fabricants de meubles.

Temple de Petitenget
Jalan Kayu Aya
t.l.j.

COUCHERS DE SOLEIL À SEMINYAK

L'une des grandes attractions de Seminyak, le spectacle du soleil couchant draine les visiteurs vers la plage pour y admirer le ciel embrasé en sirotant une bière. L'étendue de sable près du temple de Petitenget est plus tranquille que la plage principale pour profiter de ce moment magique.

7

Canggu

D4 Denpasar ; (0361) 756 176

À 12 km au nord-ouest de Siminyak, entre mer et rizières, les villages de Tibubeneng, Berawa, Canggu et Pererenan – réunis sous le nom de Canggu – n'ont longtemps été qu'une zone côtière endormie, connue seulement des surfeurs pour ses puissantes déferlantes. En 2006, l'ouverture de l'École internationale de Canggu a attiré des familles d'expatriés aisées, suscitant la convoitise des promoteurs.

Depuis, Canggu est devenue la station balnéaire la plus branchée de Bali, prisée pour ses bars à jus, restaurants et cafés vegan proposant une cuisine équilibrée.

Les fans d'exercice physique n'ont que l'embarras du choix entre trois salles de sport, une école de danse, plusieurs centres de yoga et écoles de surf. Le Finn's Recreation Club offre des installations sportives, des divertissements et un parc aquatique pour les enfants. Trois centres équestres sont à la disposition des amoureux des balades à cheval sur la plage, tandis que de nombreuses adresses programmant de la musique live participent à une vie nocturne bouillonnante.

La station est également réputée pour ses salons de massages et de beauté, ses boutiques de mode et ses deux clubs sur la plage. La gamme d'hébergements est infinie : opulentes villas de location, hôtels en bord de plage, *surf camps*, centres de yoga, Apart'hôtels, éco-hôtels et pensions. La modernité n'a cependant pas eu raison du mode de vie traditionnel. À deux pas de Canggu, les Balinais continuent à planter et à récolter le riz, et à exprimer leur ferveur lors des cérémonies dans les temples.

Le saviez-vous ?

En 2018, Canggu a été élue la plage au développement le plus rapide au monde.

Padma Resort Legian

Un complexe 5 étoiles, entre jardins luxuriants et bord de mer.

E4 Jalan Padma 1, Legian padmaresort legian.com

Rp Rp Rp

Gravity Boutique Hotel

Très prisé des surfeurs, cette adresse bobo-chic-écolo est proche de Bigin et de Padang Padang.

D5 Jalan Labuan Sait, South Kuta gravitybalihotel.com

Rp Rp Rp

Grün Canggu

Chacun des studios de cet hôtel 3 étoiles porte le nom d'un arbre endémique de l'île.

D4 Jalan Veteran 87, Buduk grunresorts.com

Rp Rp Rp

Surfeurs s'apprêtant à chevaucher les vagues sur la plage de Canggu

8 Pulau Serangan

E4

Séparée de l'arc sud de la plage de Sanur par une zone de mangrove connue sous le nom de *Suwungwas*, cette île est parfois appelée « île des Tortues » en souvenir des tortues de mer qui, jadis, venaient y déposer leurs œufs. Les travaux de drainage entrepris pour rendre constructible cette zone ont beaucoup agrandi la superficie de l'île, et une jetée la relie désormais au continent. Les deux villages de pêcheurs d'origine, Ponjok et Dukuh, sont toujours debout. La population de l'île, qui compte des hindous balinais, comprend aussi des musulmans bugis, dont les ancêtres arrivèrent sans doute au 17e siècle du sud de Sulawesi.

Serangan abrite le **temple de Sakenan** (Pura Sakenan), l'un des six temples les plus sacrés de Bali. Certains attribuent sa fondation à un moine hindou du 16e siècle, Dang Hyang Nirartha, d'autres à un prêtre errant javanais du 11e siècle, Mpu Kuturan. La pyramide à étages en corail, élevée dans la cour intérieure, évoque un sanctuaire polynésien. Durant Galugan *(p. 52)*, un festival vibrant, qui se tient tous les 210 jours pour l'anniversaire du temple, draine de nombreux pèlerins.

L'île, qui réjouira les amateurs de sports nautiques et de surf (sur la côte est notamment), offre un point de vue dégagé sur la côte et permet d'admirer les bateaux qui rentrent au port de Benoa. Le panorama s'étend à l'est jusqu'aux îles de Nusa Dua, Nusa Lembongan et Nusa Penida.

Temple de Sakenan

Pulau Serangan

t.l.j.

9 Port de Benoa

C4 depuis Denpasar (service de *shuttles* pour Benoa depuis les hôtels) pour Lembar sur Lombok

Relié à Nusa Dua par une route panoramique traversant la baie de Benoa, ce port abrite un bel éventail d'embarcations traditionnelles de l'archipel indonésien. *Pinisi*, voiliers à larges baux du sud de Sulawesi utilisés pour le transport de marchandises, ou bateaux de pêche de Madura peints de couleurs vives accostent ici.

Agences et particuliers proposent un large choix d'excursions et de locations pour passer une journée sur l'île de Nusa Lembongan *(p. 89)*, se promener en yacht ou sur une barque bugis. Des croisières mènent jusqu'aux îles de la Sonde ou Komodo.

Sur la Bypass Ngurah Rai, le Centre d'information de la mangrove *(Tél. 0361 726 969)* a pour mission de préserver quinze espèces spécifiques locales dans leur habitat originel.

Bateaux de pêche au mouillage dans le port de Benoa

Sundara Bali
Le soir, le restaurant sophistiqué de ce club de plage raffiné propose sushis, bœuf *wagyu* et fruits de mer.

E4 Four Seasons Resort, Jalan Bukit Permai, Jimbaran sundarabali.com

Rp Rp Rp

The Shady Shack
Cuisine végétarienne savoureuse et créative servie dans un restaurant aux allures de cabane chic.

D4 Jalan Tanah Barak 57, Canggu (0819) 1639 5087

Rp Rp Rp

Cuca
Tapas et autres plats occidentaux à base de produits locaux, cocktails inventifs et succulents desserts.

E4 Jalan Yoga Perkanthi, Jimbaran cucabali.com

Rp Rp Rp

Nelayan restaurant
Installé dans un pavillon au toit de chaume, Nelayan propose des plateaux de fruits de mer extra-frais.

E4 Jalan Yoga Perkhanti, Jimbaran (0361) 701 605

Rp Rp Rp

Restaurants de plage
Sur la plage de Jimbaran, une trentaine d'adresses servent poissons et fruits de mer grillés.

E4 Pantai Jimbaran

Rp Rp Rp

10 Cap Benoa

E4 depuis Nusa Dua Kuta ; (0361) 754 092

Séparé du port de Benoa par un bras de mer, le cap Benoa (*Tanjung Benoa*) est une longue langue de sable qui a donné son nom au petit village de pêcheurs situé sur sa pointe. Le village de Tanjung Benoa était jadis un port de commerce, et sa population compte quelques Chinois et des Bugis. Ces derniers se retrouvent à la mosquée pour prier. Des temples en calcaire accueillent les rituels des Balinais de souche. Au nord de la péninsule, des pêcheurs de toutes les religions fréquentent un vieux sanctuaire chinois dans l'espoir que l'augure leur donne des indications pour faire de bonnes prises. Depuis Nusa Dua, une route récente conduit à la pointe du cap, où hôtels, établissements de bains et restaurants spécialisés dans le poisson grillé se sont multipliés.

Le réaménagement de la plage a donné naissance à une série de jetées en pierre en forme de croissant ornées de belvédères. La plage est propice à la baignade ou à d'autres activités comme le ski nautique, la pêche au gros et le parachute ascensionnel. Des croisières permettent aux nageurs de découvrir des eaux riches en coraux et en poissons tropicaux.

11 Jimbaran

E4 Kuta ; (0361) 754 092

Gros village de pêcheurs et station balnéaire, Jimbaran possède l'une des plus belles plages de Bali. Une superbe étendue de sable blanc se love dans la baie protégée par un récif corallien intact. Depuis la plage, idéale pour contempler le coucher du soleil, la vue porte par temps clair sur tous les volcans de l'île, notamment, à l'ouest, les trois cimes du mont Batukaru *(p. 160)* ; le mont Batur *(p. 120)*, le mont Agung *(p. 142)*, le mont Abang *(p. 143)* et le mont Seraya *(p. 141)* à l'est. Des voiliers sont à louer sur la plage et les vagues sont propices au bodysurf.

Tous les jours, un marché aux poissons animé a lieu au nord de la plage du matin au milieu de l'après-midi, et le marché de Jalan Uluwaty vend d'excellents produits frais.

Le temple bouddhique chinois de Caow Eng Bio à Tanjung Benoa ↑

Pêcheur jetant son filet au large de Jimbaran au coucher du soleil

Jimbaran propose pléthore de bons restaurants, notamment de fruits de mer. En bordure de la plage se dresse une succession de paillotes où l'on sert des grillades cuites sur des feux de noix de coco. Chacun vient choisir les poissons et les fruits de mer qu'il désire, puis les serveurs les font cuire.

S'il manque de bâtiments d'intérêt, le gros village de Jimbaran est parfait pour observer la vie traditionnelle balinaise. Jimbaran conserve une importante communauté de pêcheurs composée, en grande partie, d'immigrants de Java et de Madura. Leurs cabanes se dressent en front de mer, et amarrés au large, leurs bateaux multicolores érigent leurs hautes proues et poupes au-dessus des flots qui les font danser. Leurs lanternes allumées offrent un superbe spectacle quand les bateaux lèvent l'ancre au coucher du soleil.

Au nord e jimbaran, Kura Reef est l'un des plus célèbres spots de surf de Bali et l'un des rares proche de l'aéroport international Ngurah Rai. On peut le rejoindre en pirogue depuis Jimbaran.

Au sud, la péninsule de Bukit et ses paysages arides égrènent villas luxueuses et boutiques-hôtels les pieds dans l'eau.

12

Parc culturel Garuda Wisnu Kencana

E5 Jalan Raya Uluwatu, Ungasan t.l.j. 8h-19h30 gwkbali.com

Également connu sous le nom de GWK, ce complexe culturel bâti à flanc de colline s'ordonne autour d'une immense statue, visible à 25 km de distance. Sa construction, qui dura 28 ans, coûta 30 millions de $US. La structure de 64 m de large, totalisant une hauteur de 121 m avec son piédestal, est l'un des plus grands monuments au monde. La statue en cuivre et en laiton représente Vishnou, deuxième dieu de la triade hindoue, chevauchant sa monture Garuda. Garuda et Vishnou symbolisent l'harmonie entre l'humanité et l'univers, ainsi que la spiritualité balinaise.

La statue et le parc dans lequel elle se dresse ont été conçus par l'éminent sculpteur indonésien Nyoman Nuarta, dans la volonté de créer un centre entièrement dédié à l'art et à la culture. Des spectacles de danses indonésiennes et balinaises ainsi que des concerts s'y déroulent chaque jour dans divers lieux tels l'espace en plein air du Bassin aux lotus, délimité par d'énormes piliers de calcaire, le Street Theatre, l'Indraloka Garden et la Plaza Kura-Kura. Le complexe comprend aussi une galerie d'art, un cinéma, un restaurant balinais authentique et un magasin proposant produits artisanaux et autres souvenirs.

La statue monumentale du GWK repésentant le dieu hindou Vishnou

L'HISTOIRE DU SURF À BALI

Les années 1960 voient l'arrivée à Bali des premiers surfeurs, qui ne tardent pas à révéler l'existence d'un « spot secret » à la pointe sud-ouest de l'île - un site qui deviendra mondialement connu avec la sortie en 1971 du film *Morning of the Earth*. Entretemps, de jeunes Balinais ont fait fi de la croyance ancestrale selon laquelle l'océan était le domaine des démons. Équipés de planches d'emprunt, ils ont rapidement maîtrisé les techniques, même s'il leur fallait une demi-journée pour atteindre les breaks. L'émergence du tourisme à Bali est indissociable de l'engouement pour le surf ; les premières pensions de Kuta ont été construites pour héberger les surfeurs venus de l'étranger.

13

Plage de Padang Padang

A D5 i Kuta ; (0361) 754 092

Désignée localement sous le nom de Pantai Labuan Sait, Padang Padang est une plage sublime, longue étendue de sable blond nichée au pied de falaises boisées. Située sur la côte nord-ouest de la péninsule de Bukit, à proximité d'un pont qui franchit une rivière, elle est accessible par des marches aménagées dans une faille rocheuse. Ce spot de surf, connu pour ses *barrels* ou vagues tubulaires, accueille des compétitions internationales, parmi lesquelles le prestigieux Rip Curl Cup Padang Padang. La plage a été rendue célèbre par le film hollywoodien *Mange, prie, aime* (2010), avec Julia Roberts. La route sinueuse qui la longe, Jalan Labuan Sait,

égrène *surf camps*, écoles de surf, magasins dédiés au surf, pensions, bungalows, cafés et *warung*, un éco-resort et un hôtel cinq étoiles. Les paysages environnants, secs et rocailleux, sont parsemés d'arbustes, de cactus, de kapokiers et de fleurs sauvages.

14 Pecatu

A D5 i Kuta ; (0361) 754 092

Le district de Pecatu couvre le sud-ouest de la péninsule de Bukit, de Balangan Beach et Dreamland Beach au nord, à Uluwatu à la pointe ouest et Nyang Nyang Beach au sud. Jusqu'au tournant du 21e siècle, cette région aride était peuplée uniquement de pêcheurs, de producteurs d'algues et de manioc, ainsi que de surfeurs aguerris. C'est aujourd'hui la destination la plus chic de l'île. Les plages de sable blond, parmi les plus belles de Bali, offrent des breaks palpitants. Les fêtards seront comblés par l'Omnia Dayclub, perché sur une falaise, les amateurs de golf par le New Kuta Golf Course (18 trous) du Kawasan Pecatu Indah Resort, l'un et l'autre ménageant de splendides vues sur l'océan.

15 Plage de Bingin

A D4 i Kuta ; (0361) 754 092

Le sable blanc et les eaux limpides de la plage de Bingin sont accessibles par plusieurs centaines de marches abruptes et défoncées, mais vous serez récompensé(e) par les vues époustouflantes du littoral et de l'océan Indien en passant devant les habitats rustiques nichés dans les falaises. À marée basse, la plage est parsemée de ravissantes mares résiduelles. À marée haute, elle disparaît en partie, et il ne vous reste plus qu'à vous réfugier dans l'un des warung qui la bordent, pour contempler le fascinant spectacle des rouleaux se succédant sur la mer. À proximité de la plage, de nombreux cafés et pensions sont le rendez-vous des surfeurs.

TOP 5 EXPÉRIENCES SUR LA PÉNINSULE DE BUKIT

Bière et surf
Une bière Bintang dans un *warung* à Uluwatu *(p. 86)*, au coucher du soleil, en contemplant les surfeurs qui exécutent leur ballet au pied des falaises.

Détente dans un Spa
Deux heures inoubliables aux Thermes marins Bali de l'Ayana Resort & Spa *(www.ayana.com)*, parmi les jets de l'un des plus grands parcours Aquatonic au monde.

Danse du feu
Fascinant spectacle de *kecak* au soleil couchant dans l'amphithéâtre du temple de Luhur Uluwatu, sur une falaise *(t.l.j. 18h ; p. 68)*.

Vive les clubs !
Farniente sur la plage ou ambiance festive sur les falaises dans l'un des opulents clubs de la péninsule de Bukit.

Havre de paix
Loin des foules, l'étendue de sable blanc de Nyang Nyang Beach, intacte et secrète, accessible par quelque 535 marches.

←
Le cadre tropical de Bingin Beach, avec un hôtel traditionnel de style balinais

16

Uluwatu

D5

Principal spot de surf sur la péninsule de Bukit, Uluwatu est connue dans le monde entier pour ses déferlantes. La station compte de nombreux clubs sur la plage et sur les falaises, offrant piscines, transats et restaurants en tout genre. Rien de tel que de savourer dans un *warung* des spécialités comme le *nasi goreng* ou les nouilles frites, arrosés d'une bière fraîche en profitant de la vue sur l'océan, en contrebas.

Les hébergements varient, des luxueux domaines, villas et hôtels-boutiques aux modestes pensions. Malgré son atmosphère branchée, faisant la part belle aux bars, cafés et restaurants, Uluwatu est plus décontractée que Kuta ou Seminyak.

On accède à Suluban Beach par un escalier abrupt en béton, aménagé dans une faille étroite. La plage doit sa splendeur à ses eaux turquoise iridescentes entourées de grottes et de falaises de calcaire. La marée basse dévoile de petites grottes et des mares résiduelles propices à la baignade. Renseignez-vous bien sur les horaires des marées, car les courants sont forts et les vagues s'engouffrent à l'intérieur des grottes. Les surfeurs accèdent au récif à la rame – un spot réservé aux plus expérimentés.

À proximité se dresse le célèbre temple de Luhur Uluwatu *(p. 66)*. De fabuleux spectacles de danse *kecak* sont proposés tous les jours à 18h dans le théâtre de plein air, avec le coucher de soleil en toile de fond.

Single Fin
Avec sa terrasse surplombant les mythiques vagues d'Uluwatu, ce repaire de surfeurs attire les amateurs de bière après la plage.
D5 Pantai Suluban, Jalan Labuan Sait, Uluwatu singlefinbali.com

Ji Terrace by the Sea
Situé sur la plage de Canggu, ce bar haut de gamme est bien connu pour ses cocktails fusion, son large choix de saké japonais et ses live de DJ réguliers. Venez tôt pour trouver de la place.
D4 Jalan Pantai Batu Bolong, Canggu jirestaurantbali.com

Delpi Rock Lounge
Café-bar perché sur une falaise, offrant de superbes vues sur la plage.
D5 Jalan Uluwatu, Pecatu (0878) 6001 6022

↑ Surfeurs accédant à la plage d'Uluwatu entre les falaises

17

Ungasan

E5

Depuis le village d'Ungasan, à 4 km du Garuda Wisnu Kencana Cultural Park *(p. 83)*, au centre de la péninsule de Bukit, le district éponyme s'étend jusqu'aux falaises les plus méridionales de Bali, le long desquelles se succèdent plusieurs destinations

→ Transats et parasols dans un luxueux resort au bord de la plage de Nusa Dua

accessibles uniquement par des routes étroites et sinueuses : Karma Beach Club, Sunday's Beach Club, Banyan Tree Resort, Melasti Beach et Green Bowl Beach. Un escalier de plus de 300 marches descend à la plage isolée de Green Bowl. À marée basse, ses eaux calmes et limpides invitent au snorkelling, tandis que, à l'arrière d'un récif, les vagues propices au surf se rallient rapidement à la rame.

La plage de Suluban doit sa splendeur à ses eaux turquoise iridescentes entourées de grottes et de falaises de calcaire. La marée basse dévoile des mares résiduelles propices à la baignade.

18

Nusa Dua

E4 · Denpasar ; (0361) 225 649

Le nom de cette enclave chic et fermée signifie « deux îles », allusion aux deux péninsules que forme la côte. La station balnéaire de Nusa Dua se compose principalement de complexes hôteliers de luxe donnant sur des plages de sable bien entretenues. Bordée de statues, la route d'accès franchit un grand *candi bentar* (portail fendu). De part et d'autre, des grenouilles sculptées font office de figures protectrices.

Le calme règne à l'intérieur de l'enclave, loin de l'agitation qui règne dans le reste de l'île. Les entrées des hôtels rivalisent de splendeur, au point qu'on a qualifié leur style de « baroque balinais ». Les enfants apprécieront les bassins de l'Ayoda Resort où des milliers de carpes koï multicolores, originaires du Japon, nagent parmi les nénuphars. Le golf du Bali National Golf Club s'étend sur trois types de terrains : colline, cocoteraie et littoral.

Nusa Dua accueille aussi, outre de nombreux restaurants, le Bali Collection Mall et son large choix de boutiques, et le Bali International Convention Center. Le vaste **Pasifika Museum** présente plusieurs siècles d'art du Pacifique, dont des textiles, des peintures et des sculptures. Il abrite également une section dévolue aux artistes européens du 20e siècle ayant résidé à Bali comme Arie Smit, Adrien-Jean Le Mayeur ou Théo Maer.

Très animé, le village de Bualu s'étend à la sortie de Nusa Dua. Ses rues sont bordées de restaurants de poisson frais et de boutiques de souvenirs artisanaux.

Entre les hôtels Sheraton Laguna et Hyatt, un promontoire s'enfonce dans la mer, offrant une belle vue. Plusieurs sanctuaires s'y dressent au sein d'une flore indigène, ménageant des vues panoramiques. Au sud de la plage de Geger, un sentier mène au petit temple éponyme.

À l'ouest de Nusa Dua, sur la route d'Uluwatu, le centre culturel GWK (Garuda Wisnu Kencana, *p. 83*) accueille régulièrement des expositions et des spectacles.

Pasifika Museum
Area Block P, Nusa Dua
t.l.j. 10h-18h · museum-pasifika.com

Arche naturelle et récif corallien (ci-contre) sur le littoral de Nusa Penida

19

Nusa Penida

F4 et G4 depuis Sanur, Kusamba et Padang Bai Klungkung ; (0366) 21 448

Cette île tranquille mais en voie de développement, autrefois colonie pénitentiaire du raja de Klungkung, est la demeure légendaire de Ratu Gede Mecaling, le « roi des pouvoirs magiques ». Les arts et la langue balinais y ont subi moins d'influences que sur le continent. Les paysages rappellent, par leur aridité, les collines calcaires de la péninsule de Bukit, à l'exception de quelques hauteurs verdoyantes en direction de la côte sud, dominée par de hautes falaises blanches.

Accessible en 30 min de bateau depuis Sanur, Nusa Penida est idéale pour une excursion d'une journée. On n'y trouve ni complexes hôteliers ni restaurants raffinés, mais des pensions, hôtels bon marché et *warung* de qualité construits, pour la plupart, sur la côte nord. Le littoral nord-est abrite Atuh Beach, superbe plage préservée. Les côtes ouest et sud ne sont en partie desservies que par des routes défoncées, à emprunter de préférence à moto. Des paysages sublimes attendent les visiteurs à Broken Beach, Angel's Billabong et Kelingking Beach, crique de sable doré, où l'on accède par une périlleuse descente à flanc de falaise.

Outre la culture des algues, celle du coton permet le tissage du *cepuk*, une forme *d'ikat* *(p. 136)* censé posséder des pouvoirs magiques.

Parmi les temples méritant une visite, Pura Ped est bâti au centre d'un grand bassin agrémenté de lotus dans le village de Toyapakeh. Les sculptures de Pura Kuning, près de Semaya, comprennent des reliefs érotiques. Vers l'intérieur, le Pura Desa, ou sanctuaire de village, de Batumadeg, affiche lui aussi un beau décor sculpté de créatures marines telles que crabes et coquillages. Le portail principal est particulièrement imposant.

Sur la côte sud-ouest, Pura Gunung Cemeng est en équilibre au sommet d'un promontoire. Des falaises voisines, on aperçoit les élégantes raies

CURIOSITÉ
Atuh Beach

Secrète et paradisiaque, la plage de sable blanc d'Atuh est accessible d'un côté par un escalier abrupt, de l'autre par un sentier à flanc de falaise. On y trouve des transats, des parasols et des *warung*.

manta 200 m au-dessous.

Au sud de Suana, la grotte calcaire de Goa Karangsari est sacrée.

Nusa Penida est aussi le refuge d'oiseaux rares. Depuis 2004, l'ONG Les Amis de la Fondation des parcs nationaux y repeuple les espèces. Une initiative qui, avec les piscines naturelles et les poches de forêt vierge, promet de belles surprises à l'explorateur intrépide.

Dans des eaux cristallines réputées pour la force des courants, les plongeurs expérimentés peuvent découvrir de nombreuses espèces rares et de superbes formations coralliennes, en particulier au large de la côte sud ; le spectaculaire poisson-lune, ou *Mola mola*, pesant jusqu'à une tonne, peut y être repéré de juillet à octobre. Voiliers et requins-baleines y évoluent également. Au nord de l'île, les eaux sont plus calmes et moins profondes, notamment dans le détroit entre Nusa Penida et Nusa Lembongan. La plupart des plongeurs passent par des agences de Sanur.

20

Nusa Lembongan

F4 depuis Sanur, Kusamba et Padang Bai Klungkung, Jalan Untung Surapati 3 ; (0366) 21 448

Cette petite île reçoit surtout des visiteurs venus pour la journée prendre le soleil sur ses plages de sable, et découvrir les magnifiques fonds coralliens, ou observer l'une de ses nombreuses espèces d'oiseaux.

Depuis les années 1990, plusieurs compagnies assurent des navettes depuis Bali, dont les catamarans de Bali Hai Cruises (*www.balihaicruises.com*). Des indépendants relient également Bali à Nusa Lembongan sur des embarcations traditionnelles comme les *pinisi* de l'île de Sulawesi. Tous proposent masques et tubas pour les amateurs de plongée.

L'intérieur des terres recèle une vaste habitation troglodyte : la Cavehouse, creusée par un prêtre qui avait reçu en rêve l'ordre de vivre dans le ventre de la Terre. Abandonnée depuis sa mort, elle reste une curiosité.

L'île sans voiture, encore plus paisible après le départ des bateaux, mérite que l'on s'y attarde une nuit ou deux. Un conseil cependant : ne tardez pas à visiter Nusa Lembongan avant qu'elle ne perde un peu de son charme, car l'île se développe à grands pas…

21

Nusa Ceningan

F4

Reliée à Nusa Lembongan par un pont suspendu de couleur jaune, la minuscule île de Nusa Ceningan abrite un village dédié à la culture des algues. En fin d'après-midi, les bateaux des exploitants rassemblés autour des bassins évoquent un marché flottant. Les algues, à la croissance rapide, sont récoltées par les femmes tous les 45 jours. Elles sont ensuite séchées et exportées, principalement vers le Japon, pour être transformées en cosmétiques, conservateurs et remèdes. Deux sites naturels méritent une visite : le superbe Blue Lagoon et la ravissante Secret Beach, baignée d'eaux limpides.

Tigerlillys

Petit déjeuner, encas, déjeuner et dîner sont proposés dans cette oasis tropicale. Ne manquez pas l'*açai bowl* ni les *san choy bau* (wraps de laitue).

F4 Jalan Jungutbatu, Jungutbatu, Nusa Lembongan tigerlillyslembongan.com

Rp Rp Rp

Sandy Bay Beach Club

Cet élégant restaurant de plage propose plats asiatiques et internationaux à toute heure de la journée.

F4 Jalan Sandy Bay, Jungutbatu, Nusa Lembongan sandybaylembongan.com

Rp Rp Rp

Ogix Warung

Les spécialités locales se savourent en plein air, à flanc de falaise, avec vue fabuleuse sur la mer.

F4 Suana, Nusa Penida (0813) 3937 7892

Rp Rp Rp

Les rizières en terrasses de Tegallalang vues du ciel

LE CENTRE DE BALI

Des centaines de villages se nichent parmi les rizières en terrasses sur les pentes sud qui dominent la plaine côtière. Berceau de la société traditionnelle balinaise, cette région correspond à la régence de Gianyar. Le raffinement des arts – danse, théâtre, musique, peinture, sculpture et orfèvrerie – reflète l'influence des familles nobles qui dominaient le centre de Bali.

Entre la Petanu et la Pakrisan subsistent les vestiges d'une des plus anciennes civilisations de Bali : le royaume hindo-bouddhiste qui, du 9e au 11e siècle, étendit son influence sur l'île depuis les actuels Pejeng et Bedulu, proches d'Ubud. Le siège du pouvoir se déplaça à l'est, à Klungkung, après la conquête mojopahit au 14e siècle, mais la région retrouva son lustre au 18e siècle quand s'imposèrent les principautés de Sukawati et de Gianyar. Les familles nobles rivalisèrent pour affirmer leur prestige en finançant réalisations architecturales et arts rituels. Plusieurs artistes et intellectuels occidentaux s'établirent à Ubud dans les années 1930, et la cité acquit alors un grand prestige culturel. Son aura artistique et culturelle attire encore aujourd'hui de nombreux visiteurs.

Sengkaduan
Pelaktiying
Telaga Waja
Kerta
Buahan Kaja
Tegal Suci
Bangkled
Puakan
Tegalsuci
Kayuambua
Tiga
Puhu
Carik
21 TARO
Tegal Payang
Ponggang
Puhu
Poyan
Petang
Wos
Pontang
20 SEBATU
Kayang
Pura Tirta Empul
BANGLI
Semaon
Tatag
Lebah
Kebon
Sulahan
Monuments royaux de Gunung Kawi
Perean Tengah
Tegalsuci
Payangan
22 TAMPAKSIRING
Getasan
Bukit
TEGALLALANG 19
Petanu
Padpadan
Kenderan
Bangli
Samuan
Demulih
Ayung
Sanding
Bebalang
Kelabangmoding
Madangari
LE NORD ET L'OUEST DE BALI
p. 144
Petak
Suwat
Junjungan
18 PETULU
Kabetan
Kedewatan
Tarukan
Sangeh
Gaga
16 GORGE DE L'AYUNG
GIANYAR
Selat
L'EST DE BALI
p. 112
Sayan
2 UBUD
Penestanan
PEJENG
Bakbakan
15
Jagaperang
PELIATAN 14
13
11 BEDULU
Bunutin
Dauh Yeh Cani
GOA GAJAH
Ayung
Pengosekan
Sidan
Bitera
Kutri
Tusan
Abiansemal
Pakerisan
Kunba
9
Peteluan
12
GIANYAR
Mambal
Petanu
MAS
Singapadu
Tegal Tugu
Wos
10 BONA
Kaler
BLAHBATUH
Tulikup
Sakah
17
8
Tedung
Sedang
Blega
KEMENUH
Lebih
BADUNG
Medanan
BATUAN 6
Pering
7 SUKAWATI
Cucukan
PARC DES REPTILES DE BALI 4
Singapadu
Tebuana
PARC ORNITHOLOGIQUE DE BALI 1
5
Saba
CELUK
BATUBULAN 3
Guwang
Rangkan
Kangin
Batuaji
Ayung
Pabean
Ketewel
LE SUD DE BALI ET LA PÉNINSULE DE BUKIT
p. 62
Gumicik

LE CENTRE DE BALI

Incontournables

1. Parc ornithologique de Bali
2. Ubud

À voir également

3. Batubulan
4. Parc des reptiles de Bali
5. Celuk
6. Batuan
7. Sukawati
8. Blahbatuh
9. Gianyar
10. Bona
11. Bedulu
12. Mas
13. Goa Gajah
14. Peliatan
15. Pejeng
16. Gorge de l'Ayung
17. Kemenuh
18. Petulu
19. Tegallalang
20. Sebatu
21. Taro
22. Tampaksiring

1

PARC ORNITHO-LOGIQUE DE BALI

E4 Jalan Serma Cok Ngurah Gambir, Singapadu, Batubulan
t.l.j. 9h-17h30 Nyepi balibirdpark.com

Aménagé sur d'anciennes rizières, le Parc ornithologique de Bali, ou Taman Burung, permet d'observer de près de nombreux oiseaux exotiques originaires d'Indonésie, mais aussi d'Amérique latine, d'Afrique et d'Australie.

Le parc abrite près de 1 000 oiseaux, dont beaucoup se trouvent dans de grandes volières ouvertes aux visiteurs. Dédié à la conservation et à la reproduction de nombreuses espèces en danger, dont une quarantaine endémiques de l'archipel indonésien, le parc paysager, avec plus de 300 plantes et arbres exotiques, reproduit les habitats naturels des oiseaux.

Espèces d'oiseaux

On dénombre dans le parc environ 250 espèces, dont le pélican à lunettes, gros oiseau aquatique australien qui s'aventure parfois jusqu'en Indonésie, et le petit oiseau de paradis, que la chasse menace d'extinction. Vous croiserez aussi le goura de Victoria, l'une des trois espèces de pigeons couronnés de Nouvelle-Guinée, le nicobar à camail, le colombar giouanne, l'argus géant, le perroquet jaco, qui imite la voix humaine, et le calao-pie, identifiable à son puissant cri rauque.

Parmi les espèces qui s'y reproduisent figurent le seul oiseau endémique de l'île, l'étourneau de Bali *(Leucopsar rothschildi ; p. 149)*, des perroquets et des cacatoès de l'archipel indonésien ainsi que le cacatoès de Leadbeater, originaire d'Australie.

Ibis rouges, oiseaux grégaires endémiques d'Amérique du Sud, dans le Parc ornithologique de Bali ↑

[1] Étourneaux de Bali, seule espèce endémique de l'île à avoir survécu.

[2] Grues couronnées.

[3] Conure soleil, perruche au plumage bigarré, originaire d'Amérique du Sud.

Le saviez-vous ?

L'ibis rouge est le seul oiseau limicole à être de couleur rouge.

UNE MAISON POUR LES OISEAUX DE NUIT

Difficiles à observer dans la nature, les oiseaux de nuit indonésiens, tels le kétoupa malais et le grand-duc bruyant, sont très prisés des visiteurs. Ils sont hébergés dans la Maison toraja, typique de l'île de Sulawesi. Les 38 espèces de rapaces nocturnes indonésiens, très secrètes, sont peu connues en raison de leurs habitats inhospitaliers.

← Kétoupa malais, qui vit près de l'eau et se nourrit de poisson

↑ Le temple de Taman Saraswati, avec son bassin agrémenté de lotus en fleur

2

UBUD

E3 depuis Denpasar et Kuta Jalan Raya Ubud ; (0361) 973 285

Foyer de l'art et de la culture balinais, Ubud a attiré de nombreux artistes et intellectuels dans les années 1930, venus capturer l'âme du vrai Bali. Galeries, ateliers, musées et boutiques d'art et d'artisanat… La vocation artistique d'Ubud est visible partout.

①

Temple de Taman Saraswati

Jalan Kajen, Jalan Raya Ubud t.l.j.

Dans les années 1950, le sculpteur sur pierre et architecte I Gusti Nyoman Lempad édifia pour le prince d'Ubud ce sanctuaire (*pura*) dédié à Sraswati, la déesse hindoue de la Connaissance et des Arts. Bel exemple d'architecture religieuse balinaise, le temple campe dans un jardin avec bassin de lotus en son centre. Il conserve de belles sculptures exécutées par l'artiste: une statue du démon Jero Gede Mecaling et le trône *padmasana* de l'angle nord-est, symbole du dieu suprême.

②

Palais de Saren

Jalan Raya Ubud
(0361) 975 057 t.l.j.

Le palais royal de Puri Saren a pris sa forme et ses dimensions actuelles à la fin du 19e siècle, à l'époque du seigneur de guerre Cokorda Gede Sukawati. Il doit une grande part de son aspect (les portails notamment) à I Gusti Nyoman Lempad. Les *puri* (famille royale balinaise), qui occupent toujours le palais, conservent une grande influence sur la vie culturelle et spirituelle de Bali, en finançant notamment de somptueuses cérémonies. Le soir, des représentations de danses traditionnelles ont lieu dans le palais (19h30).

③

Maison de Lempad

Jalan Raya Ubud
(0361) 975 618 t.l.j.

L'enclos familial où vécut I Gusti Nyoman Lempad (1862-1978), l'artiste balinais le plus renommé, est ouvert au public. Quelques sculptures du maître décorent l'élégant jardin balinais, tandis que dessins au trait et peintures sont exposes dans la maison. Une plus grande partie de son œuvre est visible au musée d'Art de Neka *(p. 98)*.

Lempad était également architecte et il a dessiné, en respectant le style traditionnel balinais, les

NOTRE CONSEIL

Informations touristiques

Le bureau de Jalan Rayan Ubud fournit des renseignements précis sur les visites guidées, les transports, les spectacles de danse et autres événements culturels à Ubud. Il indique aussi la tenue vestimentaire pour la visite des temples et les cérémonies religieuses.

gracieux pavillons nord et est de la résidence. Il est également le concepteur de plusieurs palais et temples de la ville. Ses dessins au trait, qui puisent leur inspiration du folklore local, ont fortement influencé la scène artistique balinaise.

Le superbe centre d'apprentissage offre des cours consacrés aux arts traditionnels de Bali et à la culture: danse, musique gamelan, cuisine, offrandes, fruits sculptés, bijoux en argent, sculptures sur bois, masques, peinture entre autres disciplines. Une expérience à tenter avec les enfants auxquels de nombreux cours sont destinés.

④

Marché

Jalan Raya Ubud, en face du palais de Saren t.l.j.

Dès les premières heures de la matinée, le gigantesque marché d'Ubud draine les foules de Balinais qui viennent y effectuer leurs emplettes de produits frais avant qu'ils ne cèdent la place aux objets visant plutôt une clientèle étrangère. Épices, fruits, légumes, articles de quincaillerie, textiles et paniers s'entassent sur les étals. Toutes les marchandises sont cultivées, produites ou fabriquées à Bali. Pour l'achat de souvenirs ou d'œuvres d'art, venez un peu plus tard. Objets en bois sculpté, carillons, peintures et sacs voisinent avec plaids, sarongs, écharpes en soie, textiles traditionnels et autres produits artisanaux tels que lampes, dessous de verres ou plateaux en bois. Tout est fabriqué dans les villages des alentours. Le marchandage est de mise.

⑤

Pondok Pekak Library and Learning Center

À l'E du terrain de football, Monkey Forest Rd lun.-sam. 9h-17h, dim. 13h-17h pondok pekaklibrary.com

La bibliothèque renferme plus de 30000 livres, dont des best-sellers, des ouvrages de philosophie, des mémoires et des livres pour enfants, pour la plupart en anglais.

↑ Étals proposant un choix de produits artisanaux multicolores au marché d'Ubud

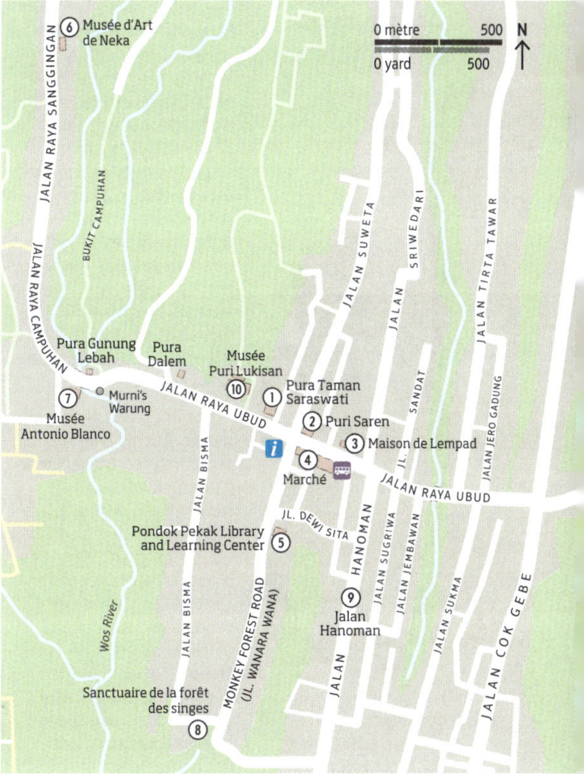

6

Musée d'Art de Neka

Jalan Raya Sanggingan, Campuhan lun.-sam. 9h-17h, dim. 12h-17h (0361) 975 074

Fondé en 1976 par le collectionneur Suteja Neka, le Neka Art Museum regroupe plusieurs pavillons qui livrent un excellent aperçu de la peinture balinaise dans un ordre chronologique – du style narratif *wayang* aux œuvres contemporaines, en passant par les écoles d'Ubud et de Batuan. Le pavillon Arie Smit est dédié à l'artiste néerlandais, tandis que l'annexe Orient-Occident présente d'autres artistes internationaux tels que Miguel Covarrubias, Rudolf Bonnet, Han Snel et Donald Friend. Des photos noir et blanc de Bali dans les années 1930 et 1940, par l'Américain Robert Koke, sont aussi à découvrir, ainsi qu'une partie de l'œuvre d'I Gusti Nyoman Lempad.

↑ Figurine en pierre tenant un *kriss* (épée), Neka Art Museum

Murni's Warung
Le premier véritable restaurant d'Ubud, créé en 1974 par Ibu Murni, qui est toujours à sa tête, doit son renom autant à son excellente cuisine qu'à ses expositions artistiques.

Jalan Raya Campuan, Ubud murnis.com

Rp Rp Rp

7

Musée Antonio Blanco

Jalan Raya Campuhan, juste après le pont de Campuhan t.l.j. 9h-17h

Le peintre philippin Antonio Blanco (1912-1999), fasciné par Bali, a construit cette surprenante maison-atelier dans les années 1950 en haut d'une allée escarpée, près du pont de Campuhan. Ce personnage excentrique est avant tout connu pour ses peintures et collages romantiques, ses poèmes enluminés et ses lithographies ayant pour principal thème les femmes. Parmi ses modèles figuraient son épouse balinaise – la célèbre danseuse Ni Ronji – et leur fille.

La principale galerie du musée Antonio Blanco est un somptueux espace rehaussé d'un sol en marbre et d'énormes colonnes. Sur les murs traités dans des couleurs vives, 300 œuvres de Blanco sont présentées par ordre chronologique dans des cadres extravagants, aux côtés de peintures de son fils Mario. Le magnifique jardin, descendant vers la rivière, abrite une cascade et des oiseaux exotiques, dont des perroquets.

Le saviez-vous ?
Montrer ses dents peut être un signe d'agressivité pour les macaques.

8

Sanctuaire de la forêt des Singes

Jalan Wana Wanara, Padangtegal t.l.j. 8h30-18h monkeyforest ubud.com

Le sanctuaire (Mandala Wisata Wanara Wana) assure la protection de plus de 600 macaques cynomolgus que l'on ne se lasse pas d'observer, surtout avec leurs petits. Suivez les sentiers aménagés dans la forêt, en prenant soin de cacher les objets brillants comme les appareils photo ; ces singes espiègles ont vite fait de les chaparder et de s'enfuir avec (demandez si besoin de l'aide aux gardiens).

La forêt abrite trois temples fondés au 14e siècle. Le plus grand, Pura Dalem Agung

Macaques dans un escalier du sanctuaire de la forêt des Singes

(grand temple des Morts), au portail richement ouvragé, se dresse au point le plus élevé de la forêt. Un escalier et un pont enjambant une rivière conduisent à un autre sanctuaire bâti sur une source sacrée, tandis que le troisième, Pura Prajapati, un temple funéraire, jouxte l'un des deux cimetières de la forêt. Malgré sa taille réduite, celle-ci abrite environ 115 espèces d'arbres.

9

Jalan Hanoman

Parallèle à Monkey Forest Road, Jalan Hanoman est bordée de part et d'autre de petites boutiques vendant objets déco, vêtements, bijoux et œuvres d'art. Visant une clientèle soucieuse de son bien-être physique et psychique, beaucoup de magasins de vêtements proposent des tenues de yoga et des accessoires destinés à la pratique spirituelle : tableaux de chakras et de mandalas, bols chantants tibétains, cristaux, instruments de musique pour les méditations chantées, encens et huiles essentielles. La rue offre aussi un large choix de restaurants et de cafés, souvent végétariens. L'image du dieu-singe Hanuman orne les temples qui jalonnent l'artère.

LES VISITEURS DES ANNÉES 1930

Bali doit, pour une grande part, son renom aux hôtes étrangers reçus par la famille royale d'Ubud dans les années 1920 et 1930. Leurs films, livres et photographies firent connaître l'île au reste du monde. Parmi les visiteurs les plus influents, citons le peintre allemand Walter Spies (à droite) et le peintre néerlandais Rudolf Bonnet, ainsi que l'artiste mexicain Miguel Covarrubias, auteur, en 1937, d'un livre sur Bali. Les anthropologues américain et anglais Margaret Mead et Gregory Bateson vécurent à Sayan, à la sortie d'Ubud. Ils avaient pour voisins le compositeur Colin McPhee et sa femme, l'ethnographe Janet Belo.

10

UBUD MUSEUM PURI LUKISAN

Jalan Raya Ubud **t.l.j. 9h-18h** **jours fériés**
purilukisanmuseum.com

Réunissant de magnifique œuvres de toutes les écoles d'art balinais moderne, le musée Puri Lukisan ("palais de la Peinture"), l'un des plus beaux musées d'art de Bali, renferme une importante collection de tableaux et de sculptures sur bois.

Il fut créé en 1953 à l'instigation du prince Cokorda Gede Agung Sukawati d'Ubud et du peintre néerlandais Rudolf Bonnet qui s'inquiétaient de voir les plus belles œuvres d'art balinais disparaître dans des collection privées à l'étranger. Le musée abrite surtout des tableaux et des sculptures sur bois du 20e siècle, notamment des peintures colorées de l'école de Batuan, l'art stylisé de Sanur, des pièces finement ornées d'Ubud. L'art des années 1930 est très bien représenté.

ADMIRER LA PEINTURE BALINAISE

Les peintures balinaises se distinguent par un extraordinaire foisonnement de détails. Même sans connaissances particulières en art, on est séduit par le monde imaginaire représenté tant sur les œuvres traditionnelles que modernes. Mieux vaut dans un premier temps contempler celles-ci de loin pour apprécier leur composition avant de s'en approcher pour admirer les détails et les scènes minuscules rappelant un peu des bandes dessinées.

←

Dewi Sri (1960), déesse du Riz tenant un grain dans sa main, par Ketut Djedeng

↑ L'entrée principale du musée Puri Lukisan, qui se dresse dans un jardin ornée de bassins, et la galerie d'art balinais

À VOIR ÉGALEMENT

3

Batubulan

E4 Ubud ; (0361) 973 285

Bien que l'agglomération de Denpasar soit en train d'absorber ce gros village et que des boutiques vendant du mobilier « ancien » bordent désormais sa grand-rue, Batubulan reste un centre renommé de sculpture sur pierre. Indifférents au bruit de la circulation, les artisans à l'œuvre dans d'innombrables ateliers créent des formes modernes ou des images religieuses ou mythologiques.

Le **temple des origines** (pura puseh) offre un bel exemple de l'emploi du paras, le tuf volcanique gris utilisé partout à Bali.

Batubulan possède plusieurs troupes de danse du Barong et du *keris*. La compagnie Denjalan interprète, tous les matins, le combat mythique entre Barong et Rangda. Elle se produit en alternance une semaine au temple des origines (dès 9h30) et l'autre au *bale banjar*, le pavillon communautaire. Ces représentations gardent une dimension rituelle, même si elles sont surtout organisées, depuis les années 1930, pour les visiteurs étrangers. Il existe plusieurs autres lieux de spectacle. L'un d'eux propose le samedi soir des danses de transe *kecak* et *sanghyang*.

Temple de Puseh
Rue principale, Batubulan
t.l.j.

4

Parc des reptiles de Bali

E3 Jalan Serma Cok Ngurah Gambir, Singapadu (près du Parc ornithologique) (0361) 299 352 t.l.j. 9h-17h Nouvel An balireptilepark.id

Un ticket unique permet de visiter le Parc des reptiles de Bali (Rimba reptil) et le Parc ornithologique voisin *(p. 94)*. Les principaux reptiles du pays y sont représentés dans un environnement inspiré de leur habitat d'origine. Des varans de Komodo, quatre espèces différentes de crocodiles et un python, décrit comme le plus grand spécimen vivant en captivité, sont les les plus spectaculaires. Des vivariums renferment des serpents venimeux du monde entier : entre autres, un cobra royal et une vipère de la mort *(Acanthophis antarcticus)*.

5

Celuk

E3 Ubud; (0361) 973 285

Presque toutes les familles de Celuk se consacrent au travail de l'or et de l'argent – une tradition transmise de père en fils au sein du clan des Pande Mas, spécialisé dans le façonnage des métaux. De grandes bijouteries bordent la rue principale, tandis que les ruelles transversales renferment des boutiques meilleur marché. Les ateliers

Le Pura Puseh, à Batubulan, où sont présentées les danses du Barong et du *keris*, ou kriss ↑

BIJOUX BALINAIS EN ARGENT

Les joailliers balinais réalisent de délicats ornements dans l'argent sterling à l'aide d'instruments rudimentaires et d'une technique appelée granulation. De petites boules d'argent et de minuscules fils enroulés sont chauffés jusqu'à être suffisamment malléables pour adhérer au support et former des motifs ou détails ornementaux. Ces œuvres d'art miniatures sont ensuite serties de pierres précieuses ou semi-précieuses.

ont une production variée: bijoux sur mesure, parures traditionnelles, *kriss*, objets religieux. Prenez garde : dans les magasins plus vastes, les prix incluent une importante commission pour le guide.

6

Batuan

E3 Ubud ; (0361) 973 285

La renommée de cet ancien village, qui compte plus de familles nobles que roturières repose sur ses écoles de danse, ses artistes peintres et ses bâtisseurs. Les ateliers de peinture ici, sont pléthore. Il existe même un style de peinture propre à Batuan, surtout caractérisé par une palette presque monochrome, l'accumulation de détails et une représentation réaliste de la vie quotidienne.

Le splendide temple des origines (*pura puseh*) accueille les visiteurs. Magnifiquement rénové, il possède un intéressant décor sculpté. Le premier et le quinze de chaque mois, on peut assister, à 19h, à une représentation de *gambuh*, une forme de danse de cour devenue rare.

7

Sukawati

E3 Ubud ; (0361) 973 285

Sukawati mérite surtout une visite pour les objets artisanaux vendus au Pasar Seni, marché installé sur la grand-rue en face du marché fermier. Il s'étend sur deux étages bondés d'étals proposant, entre autres, des tissages et des batiks. Un marché spécialisé dans les sculptures sur bois se tient derrière jusqu'à 19 h.

Les Balinais connaissent surtout Sukawati pour ses maîtres du théâtre d'ombres *wayang kulit*.

Du palais de la dynastie princière de Sukawati, puissante au début du 18e siècle, il ne subsiste que quelques vestiges, et les temples sont fermés à la visite.

8

Blahbatuh

E3 Ubud ; (0361) 973 285

Ce village abrite, depuis le début des années 1990, un immense bébé de pierre. Celui-ci est censé représenter le géant mythologique Kebo Iwo, mais certains affirment que des femmes d'un village voisin auraient demandé à leurs maris de l'ériger pour calmer un démon qui prenait la vie de leurs enfants.

Le Vihara Amurva Bhumi Blahbatuh, un temple chinois (*klenteng*) où voisinent des éléments bouddhiques et hindous, agrandi en 1999, sert de lieu de culte aux bouddhistes chinois de tout le sud de l'île.

En dehors du village, sur la route de Bedulu, un grand bâtiment abrite l'atelier et le magasin de la **fonderie de gongs Sidha Karya**, créée par le maître mondialement reconnu I Made Gabeleran. Instruments de musique et costumes de danse traditionnels sont en vente sur place.

À Kutri, à 3 km au nord de Blahbatuh, le temple de Bukit Dharma Kutri (Pura Bukit Dharma Kutri) s'étend au pied d'une colline. Le sanctuaire renferme un relief érodé représentant Dura, déesse à six bras, tuant un buffle possédé par un démon. Cette figure serait inspirée d'une reine balinaise du 11e siècle.

Fonderie Sidha Karya
Jalan Raya Getas-Buruan, Blahbatuh (0361) 942 798

Les Balinais connaissent surtout Sukawati pour ses maîtres du théâtre d'ombres *wayang kulit*.

← Paniers de produits frais au marché central de Gianyar

9 Gianyar

E3 depuis Ubud
Ubud ; (0361) 973 285

Cette ville fleurie est un centre administratif et commerçant peu touristique. Les Balinais viennent s'y fournir en produits agricoles, en articles ménagers et en produits pour faire des offrandes. Un grand marché de nuit permet d'acheter bijoux et tissus artisanaux, confectionnés sur place pour la plupart. L'occasion également de goûter le succulent *babi guling* (cochon grillé).

L'imposant palais de Gianyar (Puri Gianyar) borde, au nord, la place principale. Si les visiteurs n'ont pas accès au palais, les murs extérieurs et les portails donnent une idée du faste des cours royales de jadis. Après un tremblement de terre en 1912, une restauration a rendu au *puri* l'aspect qu'il avait à sa construction au 17e siècle.

10 Bona

E3 entre Blahbatuh et Gianyar

Au sud-ouest de Gianyar, plusieurs villages vivent de plus en plus de la production d'objets à base de végétaux locaux. Ils sont principalement destinés à l'exportation et aux magasins de Bali, mais les visiteurs peuvent les acheter à des prix beaucoup plus avantageux chez les artisans. Si le village de Bona est spécialisé dans la fabrication du mobilier en bambou, les jolis objets tressés avec la feuille de palmier lontar, d'excellente qualité, sont sans doute des achats plus pratiques pour les étrangers. Le choix ne manque pas, des paniers, chapeaux, sandales, portefeuilles et éventails aux poupées, oiseaux, fleurs et même sapins de Noël.

Bona est également le berceau du *kecak* moderne. À l'origine, le terme *kecak* désignait la musique qui accompagnait le *sanghyang*, danse sacrée réservée aux temples. Mais au début des années 1930, des artistes de Bona ont créé une danse de feu inspirée de l'épopée du *Ramayana* pour remplacer le *sanghyang* et pouvoir la représenter en public.

11 Bedulu

E3 depuis Ubud
Ubud ; (0361) 973 285

L'ancien siège du royaume de Pejeng (10e-13e siècle) est devenu un paisible bourg. La grande fresque sculptée sur un rocher à **Yeh Pulu**, au sud du village, daterait de la conquête mojopahit au milieu du 14e siècle *(p. 54)*. Un seul artiste pourrait avoir réalisé ces reliefs, d'une longueur de 25 m et d'une hauteur moyenne de 2 m. La tradition locale attribue ce travail à Kebo Iwo, géant mythique qui aurait vécu au 14e siècle. Les sculptures, qui se « lisent » de gauche à droite, illustrent des scènes de la vie quotidienne et des combats contre des démons. On reconnaît une image de Ganesh, le dieu à tête d'éléphant hindouiste.

Le vaste temple de Pengastulan possède d'imposants portails construits dans le style mis à la mode par I Gusti Nyoman Lempad, artiste né à Bedulu. Un autre temple, le **temple de Samuan Tiga** (Pura Samuan Tiga) voisin, porte sa marque (donation exigée). Il occupe le site où se serait tenue, au 11e siècle, une réunion *(sampang)* entre les dieux de trois sectes *(tiga)* religieuses en conflit après leur victoire sur le roi-démon Mayadanawa. Ce temple dégage une grande sérénité,

Komune Resort

Une plage de sable noir isolée accueille ce complexe offrant 66 chambres, un restaurant bio, un Spa et une piscine. Surf, yoga et bien-être sont au programme.

E3 Jalan Pantai Keramas, Medahan, Blahbatuh
komuneresorts.com

Rp Rp Rp

LA LÉGENDE DE BEDAULU

Le village de Bedulu devrait son nom à un roi-sorcier, Bedaulu, qui avait le pouvoir d'ôter sa tête *(hulu)* pour mieux méditer. Surpris un jour où il se retrouvait ainsi décapité, il prit en hâte la première tête disponible : celle d'un porc. Pour protéger son secret, il interdit qu'on posât, désormais, les yeux sur lui et régna depuis le sommet d'une tour. Le général majapahit Gajah Mada profita d'une fête pour lever le regard en renversant la tête pour boire. Connaître la vraie nature du roi lui permit de le vaincre et d'imposer la tutelle de l'Empire javanais à Bali.

mais il s'anime lors de la fête annuelle, à la pleine lune du douzième mois, qui donne lieu à onze jours de célébrations. Ne manquez pas la cérémonie du guerrier de Perang Sampian : une élégante procession de femmes vêtues de blanc est suivie de simulacres de combats entre des jeunes gens brandissant des chasse-mouches en feuille de palmier.

Yeh Pulu
⊘ ◷ t.l.j. 7h-18h

Temple de Samuan Tiga
◷ t.l.j.

12

Mas

Ⓐ E3 🚌 depuis Ubud
ℹ Ubud ; (0361) 973 285

De nombreux magasins vendent des meubles en teck, mais le village de Mas doit sa réputation à la sculpture sur bois et aux masques de *topeng* utilisés au théâtre. Les brahmanes de Mas, qui entretiennent cette tradition depuis des siècles, alimentent le marché depuis les années 1930. Les meilleurs ateliers et boutiques sont Siadja & Son, la Njana Tilem Gallery, l'Adil Artshop. La Tantra Gallery et I B Anom (pour les masques) sont aussi réputées. Des brahmanes venus de toute l'île se retrouvent à Mas pour la fête de Manis Kuningan afin de rendre hommage à leur ancêtre, le prêtre hindou Dang Hyang Nirartha (Dwijendra), au temple de Taman Pule (Pura Taman Pule). Un arbre sacré se dresse dans l'enceinte du temple. Selon la légende, il aurait porté jadis une fleur d'or. Les soirées donnent alors lieu à des spectacles rituels de *wayang wong*, où les acteurs portent des masques et se déplacent comme des marionnettes

↑ Crâne de buffle d'eau sculpté par un artisan de Mas

↑ Rocher sculpté à Yeh Pulu, au sud du village de Bedulu

13

Goa Gajah

E3 depuis Ubud
Ubud ; (0361) 973 285
t.l.j.

L'impressionnante grotte de l'Éléphant daterait du 11e siècle. Il faut descendre une volée de marches pour atteindre le sanctuaire situé à 15 m en dessous de la route. Dégagés en 1954, les bassins servaient probablement à des bains rituels. La caverne, dont l'entrée est la gueule d'une tête de monstre sculptée, abrite des niches contenant des statues shivaïtes et bouddhiques.

À l'extérieur, un pavillon abrite un autel dédié à Hariti, une divinité protectrice des enfants, représentée sous les traits de Men Brayut, une femme pauvre à la nombreuse progéniture. Un ravin au sud du site abrite une cascade et d'autres autels.

←
Escalier *(ci-dessous)* menant à la grotte de Goa Gajah *(ci-contre)*

14

Pejeng

E3 depuis Ubud et Gianyar Ubud ; (0361) 973 285

Sur la route entre Bedula et Tampaksiring, ce petit village se trouvait au cœur du royaume de Pejeng-Bedulu dont il porte encore des traces.

Le **Musée archéologique** (Museum Purbakala) (entrée sur donation) présente des objets fascinants en bronze, en pierre et en céramique datant de l'époque préhistorique et de très anciens sarcophages en forme de tortue.

Non loin, trois temples méritent une visite pour leurs sculptures. De l'autre côté de la rue, le petit temple d'Arjuna Méditant (Pura Arjuna Metapa), isolé au milieu des rizières, contient des statues provenant du sanctuaire d'une source sacrée. Conformément à la tradition *wayang*, un relief montre Arjuna servi par les nymphes envoyées par les dieux pour le tenter. À environ 100 m au nord, un démon de près de 4 m domine la cour du temple du Buffle Fou (Pura Kebo Edan), ce qui laisse penser que ce dernier était dédié au culte bouddhiste de Bhairava. Enfin, le temple du Nombril du Monde (Pura Pusering Jagat), aux proportions harmonieuses, renferme plusieurs pavillons aux murs ornés de sculptures tantriques. Celui qui se dresse dans l'angle sud-est abrite la « coupe de Pejeng », une urne de pierre gravée de symboles cosmologiques.

À environ 2 km au nord de Pejeng, le temple de Penataran Sasih (Pura Penataran Sasih) doit son renom à la « Lune de Pejeng », un gong de bronze haut de 186 cm, très ancien mais d'origine inconnue. Les visiteurs ne peuvent en approcher, mais les guides les autorisent à grimper sur le socle d'un autel voisin pour apercevoir les figures géométriques au tracé délicat qui ornent ses deux faces. Ces motifs rappellent la culture dong-son qui prospéra en Chine du Sud et dans le Nord du Vietnam vers 1500 av. J.-C.

Musée Archéologique
Pejeng (0361) 942 347
lun.-ven. 8h-16h

Peintre à l'ouvrage au musée d'Art d'Agung Rai (ARMA), Peliatan ↑

Le musée d'Art d'Agung Rai propose des cours de peinture et de gamelan parmi d'autres disciplines.

⓯ Peliatan

E3 depuis Ubud
Ubud ; (0361) 973 285

Ce village, où s'installa une branche de la famille royale de Sukawati, doit son renom aux activités artistiques de ses habitants. Un gamelan et une troupe de danse du village se produisirent aussi bien localement qu'à l'étranger.

Des ateliers de peinture et de sculpture sur bois bordent l'artère principale et les ruelles transversales. Le collectionneur d'art Agung Rai, après avoir ouvert une galerie prospère, a fondé le **musée d'Art d'Agung Rai** (Agung Rai Museum of Art, ou ARMA), au sud-ouest de Peliatan. Des peintures classiques de Kamasan exécutées sur écorce voisinent avec des œuvres représentatives du style de Batuan, datant des années 1930, des tableaux de maîtres javanais et balinais, des toiles de Walter Spies, Lempad, Bonnet et Le Mayeur, ou encore des créations contemporaines balinaises et indonésiennes. Le musée propose aussi des cours de peinture et de gamelan, parmi d'autres disciplines.

Le **musée Rudana** (Rudana Museum) présente des peintures balinaises classiques et modernes.

Le nord de Peliatan, connu sous le nom d'*Agong*, abrite des boutiques d'artisanat.

ARMA
Jalan Pengosekan
t.l.j. 9h-18h
armabali.com

Musée Rudana
Jalan Cok Rai Pudak 44
(0361) 975 779 t.l.j. 9h-17h museum rudana.org

⓰ Gorge de l'Ayung

E3 depuis Ubud
Ubud ; (0361) 973 285

Entre Kedewatan et Sayan, la gorge de l'Ayung offre un panorama superbe, avec ses rizières en terrasses et ses hôtels de luxe discrets sur la rive orientale. Sur les deux rives, on trouve des agences louant du matériel pour faire du rafting sur l'Ayung.

À l'est de la gorge, le village de Penestanan abrite des ateliers de batik et de broderie de perles. Dans les années 1960, c'est aussi le fief du mouvement des Jeunes Artistes. Influencés par le peintre hollandais Arie Smit, qui résida à Penestanan, leurs œuvres portent des couleurs très vives.

LA SCULPTURE SUR BOIS

Bali a longtemps été couverte par des forêts assez denses pour abriter des tigres au début du 20e siècle. C'est l'une des raisons de l'importance de la sculpture sur bois dans l'île. Les Balinais manifestent d'ailleurs un grand respect aux arbres ; ceux-ci reçoivent des offrandes avant d'être abattus. Les sculpteurs remplissaient jadis deux offices principaux : fabriquer des objets rituels, effigies et masques, et participer à la décoration des édifices. Le contact avec des artistes occidentaux et l'expansion du tourisme les ont encouragés à fabriquer des créations plus libres. Les villages spécialisés de la régence de Gianyar comprennent Peliatan, Tegallalang *(p. 108)* et Mas *(p. 105)*.

← Le bassin vert émeraude, propice à la baignade, au pied de la cascade de Tegenungan

17

Kemenuh

E3 9 km au S d'Ubud

Le village de Kemenuh revendique une longue tradition de sculpture sur bois, comme en témoignent les nombreux ateliers et galeries proposant à la vente des statuettes d'animaux et de figures mythologiques.

Deux sentiers de randonnée conduisent dans les paysages spectaculaires de la vallée de la Petani. La principale attraction, la **cascade de Tegenungan**, haute de 20 m, se cache dans une végétation dense ; on y accède par un escalier de 172 marches. Au pied, un bassin invite à la baignade et plusieurs cafés, à proximité, sont parfaits pour une pause.

Cascade de Tegenungan
Jalan Raya Tegenungan, Kemenuh, Sukawati du lever au coucher du soleil

18

Petulu

E3 depuis Ubud et Pujung Ubud ; (0361) 973 285

Tous les jours, en fin d'après-midi, un fantastique phénomène naturel se produit dans le petit village de Petulu : des milliers de *kokokan* (aigrettes et hérons) blancs y élisent domicile pour la nuit. Les énormes colonies arrivent en un flot continu, tournoyant dans le ciel avant de se poser dans les palmiers et les figuiers où les oiseaux se disputent les perchoirs. Selon la tradition, il est interdit de les déranger lorsqu'ils sont perchés.

Les étranges formations en V qui se détachent sur le soleil couchant composent un spectacle inoubliable, que les visiteurs peuvent admirer depuis le haut de la maison communautaire du village. La route qui vient de Junjungan, à travers les rizières, permet aussi de profiter au mieux de ce moment privilégié.

Ces oiseaux ont mystérieusement élu domicile à Petulu en 1965. Selon une légende, ce seraient les âmes de près de 500 000 Balinais tués ici lors des massacres anticommunistes de 1965 à 1966.

19

Tegallalang

E3 depuis Ubud
Ubud ; (0361) 973 285

Ce joli village est un centre de la sculpture sur bois.
Ce fascinant village, ancien fief d'un royaume, est réputé pour ses sculptures sur bois. Les ateliers et magasins de gros jalonnant la route sur quelque 5 km vendent des objets d'artisanat en bois à des prix très bas. Le long de la route principale, de petits cafés surplombent les

→ Les superbes rizières en terrasses de Tegallalang, très photogéniques

Le saviez-vous ?

Les rizières en terrasses de Tegallalang sont irriguées par un système datant du 9e siècle.

spectaculaires rizières sculptant l'un des versants bordant la gorge, au nord de Tegallalang.

Proche du village, une route abrupte mène au joli village de Kebon, à 3 km au nord de Tegallalang. Elle part de la grand-rue de Tegallalang, à un croisement où se dresse l'excellent Kampung Café *(0361 901 201)*, qui propose également quelques suites. Kenderan est aussi à l'écart des grandes voies. Cet ancien microroyaume a conservé plusieurs charmants *puri* (maisons de la noblesse).

À 4 km au nord de Kenderan, le village de Manuaba abrite un temple brahmanique, le **temple de Griya Sakti** (Pura Griya Sakti). Il faut demander l'autorisation au gardien pour voir les grands arbres entrelacés qui s'élèvent derrière la cour intérieure. À 1 km au sud de Kenderan, à Kapitu, Telaga Waja est un sanctuaire de source sacrée. On y accède par un sentier de 200 m et une longue et raide volée de marches. Des traces de niches de méditation suggèrent que le site a pu servir de lieu de retraite bouddhique, il y a 1000 ans.

Temple de Griya Sakti
Manuaba t.l.j.

20

Sebatu

E2 depuis Ubud
Ubud ; (0361) 973 285

La réputation de Sebatu a franchi les frontières grâce au talent de ses bois sculptés peints, mais aussi de ses musiciens et de ses danseuses.

Aisé à découvrir à pied, Sebatu s'organise autour de trois rues orientées nord-sud. Les temples et le *bale banjar* (pavillon communautaire) se trouvent à l'extrémité nord. La rue la plus à l'ouest abrite des ateliers de sculpture sur bois, disponibles à la vente. Au fond d'une petite vallée à l'ouest du village, le **temple de Gunung Kawi** (Pura Gunung Kawi) entoure une source sacrée. Attention à ne pas le confondre avec les monuments du même nom situés à Tampaksiring *(p. 110)*. Même si les bassins valent la visite, il est interdit de les photographier quand des gens s'y baignent. Dans l'angle nord-ouest, un bel autel s'élève au milieu d'un plan d'eau peuplé de carpes. La cour centrale renferme des petits pavillons peints de couleurs vives et des sculptures.

Temple de Gunung Kawi
t.l.j.

POINT PHOTO
Loin des foules

La vue des terrasses de Tegallalang est si envoûtante que la route qui les surplombe draine les foules de visiteurs. Pour des prises de vue plus immersives, demandez aux Balinais de vous mener dans les rizières moyennant une contribution.

Le saviez-vous ?

Un arbre flamboyant aurait indiqué à Rsi Markandya où fonder Taro – dérivé de *taru* ou « arbre ».

21

Taro

A E2 i Ubud ; (0361) 973 285

Taro serait le plus vieux village hindou de l'île de Bali. Un grand temple, le temple de Gunung Raung (Pura Gunung Raung), en occupe le centre. De l'extérieur, on peut admirer le long *bale agung* où se réunit le conseil du village et un *meru* à trois étages. Cette pagode symbolise le mont Raung, la montagne de l'est de Java d'où le sage Rsi Markandya et ses disciples partirent, au 8e siècle, pour fonder une colonie à Bali.

C'est à Taro que sont élevées les vaches albinos, qui jouent un rôle essentiel dans certaines cérémonies. Elles ne sont plus sacrifiées, mais uniquement montrées. Le troupeau se promène librement dans la forêt au sud du village.

Taro compte aussi Lembah Bidadari (Vallée des Anges), où un sentier mène à travers la jungle à une source naturelle cachée, près du village de Sangaji. Le site étant très fréquenté l'après-midi, mieux vaut venir le matin pour profiter de la beauté du lieu.

22

Tampaksiring

A E3 depuis Bedulu et Gianyar i Ubud ; (0361) 973 285

Une localité surtout connue pour le temple de **Tirta Empul**, sanctuaire du 10e siècle agrémenté de bassins. Le site abrite une source aux vertus prétendument curatives, qui sourd au fond d'un grand bassin finement sculpté. Les habitants de la région viennent se purifier dans les bassins annexes.

À proximité, le site de **Gunung Kawi** est accessible par un escalier abrupt entre les rizières. Les dix sanctuaires dédiés à des rois et à des reines du 11e siècle ont été taillés dans la paroi rocheuse de la gorge de la Pakerisan.

Tampaksiring abrite aussi le paisible **temple de Mengening** (Pura Mengening), orné de bassins, où une source sacrée jaillit en dessous d'un banyan.

Au nord de Tirta Empul, au sommet d'une colline, l'opulent palais présidentiel a été bâti dans les années 1950 pour le premier président indonésien, Sukarno. Il domine Tirta Empul, et la rumeur court que le dictateur observait au télescope les femmes qui se baignaient nues dans les bassins. Pour visiter le palais, il faut envoyer une demande écrite au Bureau présidentiel de Tampaksiring et respecter la tenue vestimentaire d'usage.

Tirta Empul
Jalan Tirta, Manukaya
t.l.j. 8h-18h

Gunung Kawi
Banjar Penaka
t.l.j. 8h-18h

Temple de Mengening
Jalan Tirta, Sareseda
t.l.j. 7h-18h

FANTÔME PRÉSIDENTIEL

Ne vous étonnez pas de sentir des frissons en visitant le palais présidentiel de Tampaksiring. Le président Sukarno est mort en 1970, mais la légende raconte que son fantôme hante toujours le palais.

↑ Monuments commémoratifs royaux de Gunung Kawi, taillés dans la roche, Tampaksiring

La lumière du matin filtrant à travers la brume, vallée de Sidemen

L'EST DE BALI

Quand les Mojopahit javanais hindous s'installèrent à Bali au 14e siècle, ils y introduisirent un nouvel ordre social et un système de castes. Certaines communautés de l'île les refusèrent. Leurs descendants (les Bali Aga, c'est-à-dire les « Balinais originels ») vivent encore dans des régions montagneuses isolées de l'est de Bali, au sein de villages ayant leurs propres coutumes, comme Tenganan et Trunyan. Ces peuples autochtones gardèrent un mode de vie rural et une certaine indépendance.

Après la chute de l'Empire de Mojopahit, Waturenggong consolida l'État unifié de Gelgel, près de Klungkung, en 1550. L'est de Bali devint alors le centre politique de l'île. Quand le royaume de Waturenggong s'effondra en 1651, la région se divisa en plusieurs royaumes : Klungkung, Bangli et Karangasem. Ces derniers passèrent l'un après le l'autre sous le contrôle des Néerlandais à la fin du 19e siècle et au début du 20e siècle. Karangasem, dont l'influence s'étendait sur la partie ouest de Lombok, fut conquis par les Néerlandais en 1894. Bangli devint une partie de l'Empire en 1907 et Klungkung disparut en 1908, quand le roi et sa cour choisirent de se livrer à un puputan (sucide collectif rituel) plutôt que de se soumettre aux Néerlandais.

À la fin du 20e siècle ; l'est de Bali fut frappé par une série de catastrophes naturelles, notamment par l'éruption du Gunung Agung en 1963 et un séisme en 1976. Dans de nombreux endroits, les coulées de lave géantes transformèrent le paysage. C'est pour cela et en raison aussi de la présence de communautés autochtones que l'est de Bali est très différent du reste de l'île.

Pacung
Bondalem
Tedjakula
BULELENG
Madenan
Geretek
Satra
Lupak
Munduk Bawan
Kertabuana
Dausa
Tianyar
Bantang
Sukawana
20 PURA TEGEH KORIPAN
Karansari
Penulisan
Nusu
LE NORD ET L'OUEST DE BALI p. 144
GUNUNG BATUR 2
1 720 m
Songan
Bukit Paleg
Toya Bungkah
3
21 KINTAMANI
PURA ULUN DANU BATUR
Trunyan
Lac Batur
Abang
Gunung Abang
Binyan
Penelokan
Kedisan
7
VILLAGE DE BAYUNG GEDE 22
BANGLI
KARANGASEM
Suter
Bunutin
Bonyoh
Pengotan
Meka Tengah
BANGLI
Bukit Tanahnui
GUNUNG AGUNG
19
Pelaktiying
Sengkaduan
3 014 m
Telaga Waja
Pisang Kaja
Kayuambua
Bangkled
Bunteh
PURA BESAKIH
1
Malet Seri Batu
Tiga
Pempatan
Bonjaka
Kayubihi
Sebudi
Kayang
Sukaluih
Manukaya
Menanga
Muncan
Tampak Siring
Rendang
Tegalsuci
Selat
Bukit
Duda
Sibetan
Sekar
Tegallalang
Bangli
Unda
8
Putung
Demulih
Bebalang
ISEH
Kelabangmoding
LE CENTRE DE BALI p. 90
Gembalan
9 SIDEMEN
Telengan
Gaga
Manggis
Talibeng
Bunutin
KLUNG-KUNG
Tanahampo
Sengkidu
Ubud
Jagaperang
Kaler
GIANYAR
Baie d'Amuk
Besar
Tihingan
Peliatan
Bedulu
Sidan
4 KLUNGKUNG
14 PADANG BAI
Peteluan
PURA GOA LAWAH 11
Gianyar
GELGEL 10
Blahbatuh
Kusamba
Serongga
Klotak
Détroit de Badung
Batuan

L'EST DE BALI

Incontournables

1. Complexe de temples de Besakih
2. Mont Batur
3. Temple d'Ulun Danu Batur
4. Klungkung
5. Tenganan, village Bali Aga

À voir également

6. Palais de Tirtagangga
7. Bangli
8. Iseh
9. Sidemen
10. Gelgel
11. Temple de Goa Lawah
12. Candi Dasa
13. Ujung
14. Padang Bai
15. Tulamben
16. Amlapura
17. Temple de Lempuyang
18. Amed
19. Mont Agung
20. Temple de Tegeh Koripan
21. Kintamani
22. Village de Bayung Gede

1

TEMPLE DE BESAKIH

F2 Besakih, Rendang, régence de Karangasem t.l.j du lever au coucher du soleil Jalan Diponoegoro, Amlapura ; (0363) 21 196

Depuis plus de 1 000 ans, le Pura (temple) Besakih, le lieu de culte le plus sacré, le plus impressionnant, le plus imposant et le plus austère de Bali, se dresse à 900 mètres d'altitude sur le versant sud-ouest du mont Agung. Appelé le « temple mère », ce complexe immense comprend 22 temples réunis par les rituels et l'histoire en un seul sanctuaire.

Lieu de culte sacré

Sous le regard vigilant du puissant mont Agung, le temple de Besakih domine un superbe paysage de rizières, de montagnes, de vallées, de ruisseaux et de forêts, qui lui confère une dimension mystique. C'est un lieu de pèlerinage exceptionnel pour les Balinais. Chaque jour, des centaines de dévots hindous gravissent solennellement un escalier géant pour rendre hommage aux dieux au milieu de la fumée et du parfum de l'encens.

Les nombreux temples et sanctuaires diffèrent selon leur statut et leur fonction, et bien qu'il soit possible de visiter la plupart, beaucoup de cours intérieures sont réservées aux pèlerins et fermées au public. La plupart des temples se trouvent autour du Pura Penataran Agung, le plus vaste et le plus important sanctuaire du complexe. Le temple le plus haut, Pura Pengubengan, s'élève au milieu de magnifiques bosquets de pins.

← Au sommet de l'escalier menant à l'impressionnant temple de Besakih

LA TRIMURTI

Signifiant « trois formes de Dieu » en sanskrit, c'est la triade hindoue : les trois principales divinités révérées à Bali. Le temple de Besakih serait leur demeure. Penataran Agung, aux bannières blanches, est dédié à Shiva, dieu de la destruction de l'ignorance ; Batu Madeg, aux bannières noires, représente Vishnou, le dieu chargé de l'équilibre du bien et du mal et Kiduling Kreteg, aux bannières rouges, est consacré à Brahma qui incarne la force créatrice de la passion.

↑ Les toits des temples de Besakih se détachant sur les montagnes et les forêts

Le saviez-vous ?

Besakih est le seul temple de Bali ouvert à tous les fidèles, quelle que soit leur caste.

↑ Pèlerins gravissant les marches du complexe de Besakih

Pura Penataran Agung

Au centre du complexe de Besakih, le Grand Temple de l'État est le plus impressionnant de tous en raison de ses dimensions, de sa situation et de la vénération dont il fait l'objet. Ce sanctuaire, vraisemblablement unique à l'époque préhistorique, est devenu le centre symbolique de Besakih. Il s'étage à flanc de montagne sur six niveaux correspondant aux zones de l'univers, chacun possédant ses propres sanctuaires.

À mesure que les dévots gravissent le gigantesque escalier flanqué de figures appartenant aux épopées hindoues – le *Mahabharata* et le *Ramayana* – et qu'ils traversent la première cour, ils se coupent progressivement du monde profane. Des 57 structures que compte ce temple, la moitié sont dédiées à des divinités ; les autres ont des fonctions cérémonielles – elles offrent par exemple des sièges aux prêtres et aux musiciens de l'orchestre de gamelan. Les visiteurs n'ont pas accès à toutes les cours.

NOTRE CONSEIL
Attention aux arnaques !

À Besakih méfiez-vous des arnaques. De faux guides peuvent offrir leurs services à des prix exorbitants. Répondez poliment mais fermement « tidak terima kasih » (« non, merci »). Apportez vos propres sash et sarong au lieu d'en louer au temple.

↑ Visiteurs sur les marches menant au temple de Penataran Agung

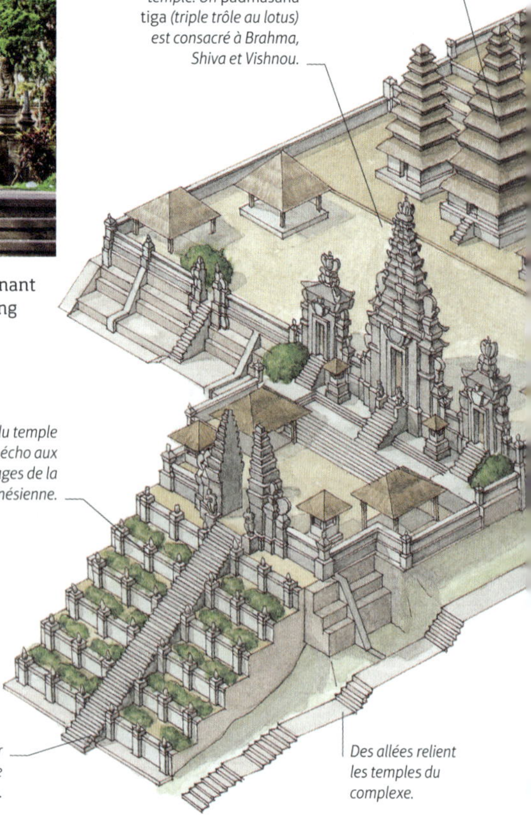

→ Le temple de Penataran Agung, cœur spirituel de Besakih

↑ Gongs cérémoniels utilisés pendant les rituels

↑ Cour à l'intérieur du temple ; toit d'un sanctuaire *(médaillon)* devant un *candi bentar* (portail fendu)

2

LE MONT BATUR

F2 depuis Penelokan et Kintamani depuis Kedisan Jalan Letulila 9, Bangli, (0366) 91 537 ; bureau des guides du mont Batur, (0366) 52 362

Le mont Batur (Gunung Batur) draine les visiteurs jusqu'à son sommet (1 717 m), qui dévoile un fantastique panorama sur l'île. Sa magnifique caldeira est en partie occupée par le lac Batur, le plus vaste lac de cratère de Bali. Le village voisin de Penelokan ménage de superbes vues sur le volcan.

S'il n'est pas le plus vaste, c'est le volcan le plus actif de Bali. Il y a environ 25000 ans, une gigantesque explosion en fit sauter le sommet et vida la poche de magma. Ce cataclysme créa une magnifique caldeira, où un nouveau cône est apparu. Le volcan a connu plus de 20 éruptions majeures au cours des deux derniers siècles. La plus dévastatrice, en 1917, tua un millier de personnes et détruisit 2000 temples. Cette activité intense explique l'aspect dénudé du Batur, alors que de la végétation couvre les flancs du mont Abang, sur l'autre rive du lac.

À Kintamani, sur la crête de la caldeira, le fascinant Batur Geopark Museum (ouvert t.l.j. 8h-17h) explore la géologie du volcan à l'aide d'expositions interactives et d'échantillons de roches.

Ascension du mont Batur

La plupart des randonneurs empruntent les sentiers qui partent à proximité du village de Toya Bungkah. Comptez environ deux heures d'ascension jusqu'au sommet. Vous pouvez louer les services d'un guide au bureau des guides du mont Batur, dans le village. Choisissez de préférence un trek qui arrive au sommet pour le lever du soleil. Munissez-vous de vêtements chauds si vous partez la nuit, car l'air est frais ; une lampe est également indispensable. Les guides fournissent le petit déjeuner au sommet moyennant paiement ; il comprend souvent la cuisson d'un œuf dans les fumerolles. Les randonnées sont déconseillées pendant la saison des pluies, entre octobre et avril, car les sentiers sont glissants et dangereux.

↑ Le spectacle sublime du lever du soleil derrière le mont Batur

LE VILLAGE BALI AGA DE TRUNYAN

Village bali aga isolé sur la rive est du lac Batur, Trunyan est plus facilement accessible en bateau depuis Kedisan que par la route. Ses habitants perpétuent des coutumes inconnues dans le reste de l'île, tels des rites funéraires datant du néolithique. Au lieu d'enterrer ou d'incinérer les morts, ils les posent à même le sol, les recouvrent de cages en bambou pour les protéger des animaux et les laissent se décomposer jusqu'à ce qu'il ne reste que le squelette. Trunyan est également connu pour le temple de Pancering Jagat, qui abrite une haute statue de sa divinité protectrice.

1

2

3

1 Les plaisirs de la baignade dans les bassins d'eau chaude du village de Toya Bungkah, au pied du mont Batur.

2 Les eaux du lac Batur irriguent une grande partie des cultures au centre et à l'est de Bali.

3 Randonneurs négociant une descente délicate dans la caldeira du mont Batur.

3

TEMPLE D'ULUN DANU BATUR

E2 Jalan Kintamani, Batur Selatan, Kintamani
t.l.j. du lever au coucher du soleil

Sur la crête de la caldeira du mont Batur, au sud-ouest, le deuxième complexe de temples le plus important de Bali, après celui de Besakih *(p. 116)*, le Pura Ulun Dabu Batur, réunit neuf temples et de nombreux sanctuaires.

SECRET D'INITIÉ
Dewi Danu

Sur la rive nord-est du lac Batur se dresse une étonnante statue jaune de Dewi Danu posée sur une fleur de lotus et un serpent de mer. Elle est accessible uniquement en bateau depuis Songan, moyennant une petite contribution.

La déesse du lac

Le temple d'Ulun Danu, signifiant littéralement « l'extrémité du lac », est consacré à Dewi Danu, la divinité hautement vénérée du lac, qui alimente 37 rivières, ruisseaux, barrages et canaux d'irrigation jusqu'à la mer. D'innombrables sources souterraines sont à l'origine du lac Batur, qui fournit l'eau aux cultures et aux bassins sacrés de Gianyar et de Bangli. Les agriculteurs viennent de toutes les régions de l'île rendre hommage à la divinité qui prodigue la fertilité aux terres de Bali.

Le complexe de neuf temples, accessible par une entrée monumentale, regroupe plus de

Principale entrée du Pura Penataran Agung Batur, le temple le plus important du complexe ↑

OFFRANDES À LA DÉESSE DU LAC

Les pèlerins viennent de toute l'île déposer des offrandes élaborées au temple d'Ulun Danu Batur. L'immense dévotion suscitée par la déesse du lac Batur s'explique en partie par l'histoire du temple. À son ancien emplacement plus près du lac, au pied du mont Batur, il n'a échappé que par miracle à la destruction lors de l'éruption de 1917, la coulée de lave s'arrêtant à sa porte. Une autre éruption, en 1926, a convaincu les villageois de reconstruire le temple sur le bord le plus élevé et le plus ancien de la caldeira.

200 sanctuaires et pavillons dédiés aux dieux et aux déesses de l'eau, de l'agriculture, des sources sacrées, de l'art et de l'artisanat. Au nord-ouest de l'enceinte, un sanctuaire de style chinois, flanqué de statues colorées, est consacré à Ida Ratu Ayu Subandar, le dieu des marchands.

→

Le sommet de deux portails du temple d'Ulun Danu Batur, avec le mont Batur à l'arrière-plan

Temple de Penataran Agung Batur

Le temple (Pura) de Penataran Agung Batur est le principal sanctuaire du complexe d'Ulun Danu Batur. Il est dominé par des *meru* en forme de pagodes, le plus impressionnant étant la structure à onze niveaux consacrée à Dewi Danu dans la cour intérieure. Trois *meru* à neuf niveaux sont dédiés aux dieux du mont Batur et du mont Agung, et à Ida Batara Dalem Baturenggong, le roi déifié de Gelgel, qui vécut au 15e siècle. Dans la cour extérieure, la tour de *kulkul* (tambour) abrite un tambour de bois fendu qui est frappé 45 fois chaque matin en hommage aux 45 divinités vénérées dans le temple.

Le saviez-vous ?

La principale fête a lieu lors de la 10e pleine lune du calendrier balinais (fin mars-début avril).

→ Le temple de Penataran Agung Batur, avec ses édifices impressionnants

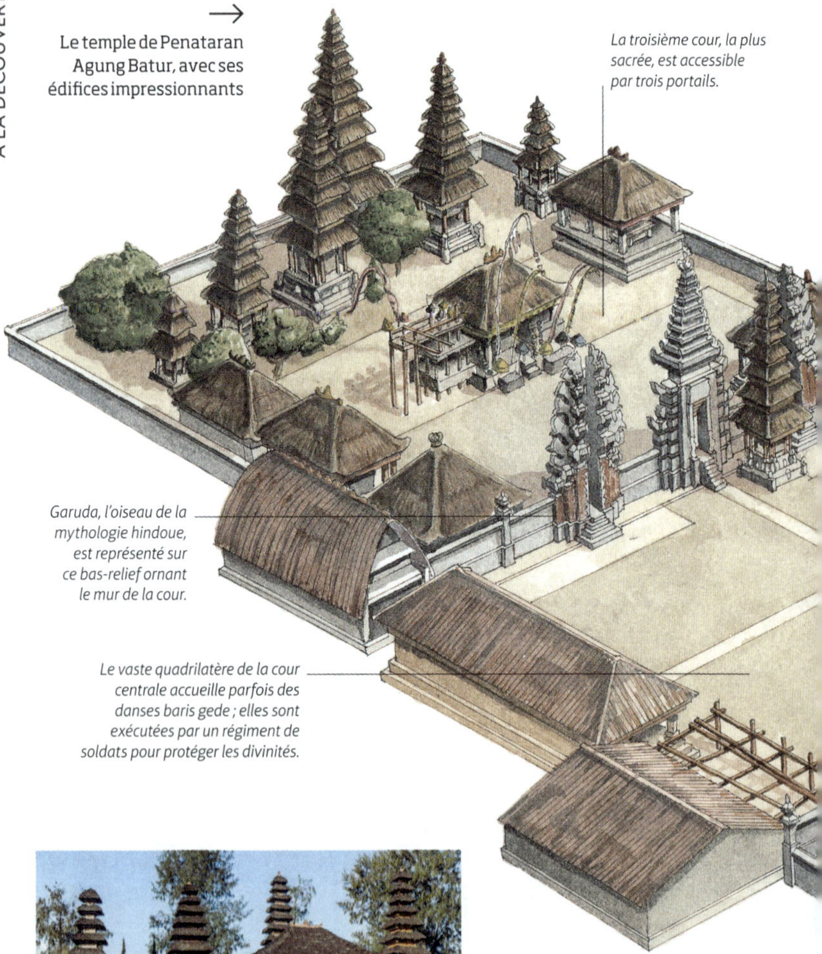

La troisième cour, la plus sacrée, est accessible par trois portails.

Garuda, l'oiseau de la mythologie hindoue, est représenté sur ce bas-relief ornant le mur de la cour.

Le vaste quadrilatère de la cour centrale accueille parfois des danses baris gede ; elles sont exécutées par un régiment de soldats pour protéger les divinités.

← Quelques-uns des pavillons et *meru* du temple de Penataran Agung Batur

1 Des sculptures dorées rehaussent les superbes portes en bois de la principale entrée du temple.

2 Des pèlerins transportent des offrandes destinées à la déesse du lac Dewi Danu.

3 Ce magnifique portail latéral juxtapose des briques et des ornements en pierre.

↑ Le monument au Puputan, en pierre sombre, en face du Taman Gili

4

KLUNGKUNG

F3 · jalan Untung Surapati 3 ; 0366 21 448

Également connue sous le nom de Semarapura, la capitale royale de la plus petite régence de Bali fut le foyer de l'art et de la culture sous la dynastie Gelgel. Au centre de cette ville marchande animée, le Taman Gili préserve les vestiges du palais royal du 18e siècle.

①

Monument au Puputan

À l'angle de Jalan Untung Surapati et de Jalan Gajah Mada

En 1908, Klungkung fut le dernier royaume de Bali à opposer de la résistance aux envahisseurs néerlandais. Accompagné de 200 membres de sa famille et de sa cour, le raja sortit de son palais faisant aux soldats néerlandais, beaucoup plus nombreux. Le raja était armé d'un *kriss* (épée) qui, selon une prophétie, était supposé vaincre les ennemis. Le dénouement tant attendu ne se produisit cependant pas ; le raja fut tué par une balle néerlandaise. Ses six épouses se livrèrent alors à un suicide collectif, ou *puputan*, se poignardant au cœur avec leur *kriss*, imitées par tous les membres de la cour. Le monument au Puputan commémore ce sacrifice.

②

Musée Daerah Semarapura

À l'angle de Jalan Surapati et Jalan Puputan
(0878) 6246 6055
t.l.j. 8h-17h

À l'ouest du Taman Gili, ce petit musée abrite d'anciens journaux néerlandais qui rapportent les détails macabres du *puputan* de 1908, lorsque deux cents membres de la famille et de la cour royales de Klungkung commirent un suicide collectif. On peut aussi y découvrir des photos du raja en compagnie de sa famille et de sa cour ainsi que le palanquin qui le transportait lorsque les Néerlandais ouvrirent le feu.

③

Temple de Taman Sari

Jalan Ahmad Jani
t.l.j. du lever au coucher du soleil

Le temple (*pura*) de Taman Sari (« jardin fleuri »), datant du 17e siècle, invite à la détente. L'enceinte comprend des espaces verts plantés de fleurs et un *meru* à onze niveaux en pierre grise, entouré d'un bassin rempli de nénuphars.

④

Marché de Klungkung

Jalan Puputan 7 · t.l.j. 6h-18h

Caché dans un bâtiment en béton à l'est du Kerta Gosa, le marché aux étoffes de

Klungkung est une caverne d'Ali Baba pour les amateurs de textiles traditionnels. Le *songket* (riche brocart) se décline dans une grande variété de motifs, et l'endek est vendu à des prix imbattables.

ENDEK BALINAIS

Le tissage traditionnel le plus répandu à Bali est l'*endek*, sorte d'*ikat* dans lequel les fils de trame – dans le sens de la largeur du tissu – sont teints avant le tissage selon la technique de la réserve. En répétant le procédé avec différentes teintures, on obtient des étoffes aux motifs chatoyants.

⑤

Kamasan

À 1,6 km au S de Klungkung

Le village de Kamasan regroupe des peintres adeptes du style *wayang*, tel qu'il apparaît sur les plafonds du Kerta Gosa, dans l'ancien palais royal *(p. 128)*. Seuls ces artistes sont habilités à restaurer les fresques aujourd'hui.

Ce style de peinture très codifié se caractérise par de délicats motifs et des couleurs vives. Les visages sont montrés de trois quarts, comme ceux des marionnettes du théâtre d'ombres, les tableaux illustrant les différents épisodes d'une même narration. À l'origine, le style de Kamasan était d'inspiration religieuse, et les peintres décoraient les temples et les palais dans toute l'île. Ce fut l'unique forme d'art pictural balinais jusqu'à l'arrivée, au 20e siècle, des artistes européens, qui encouragèrent les Balinais à représenter les scènes de la vie quotidienne.

Sous la loi néerlandaise, les peintres de Kamasan perdirent la protection des rajas et leur style fut sur le point de disparaître. Il connut néanmoins une renaissance dans les années 1920 et 1930, lorsque les Néerlandais firent restaurer les peintures du Kerta Gosa. Depuis les années 1960, les boutiques d'art du village constituent une bonne source de revenus pour les artistes. On peut y acquérir des peintures sur toile sans encadrement à des prix très raisonnables. Votre générosité permettra d'entretenir cette belle tradition picturale.

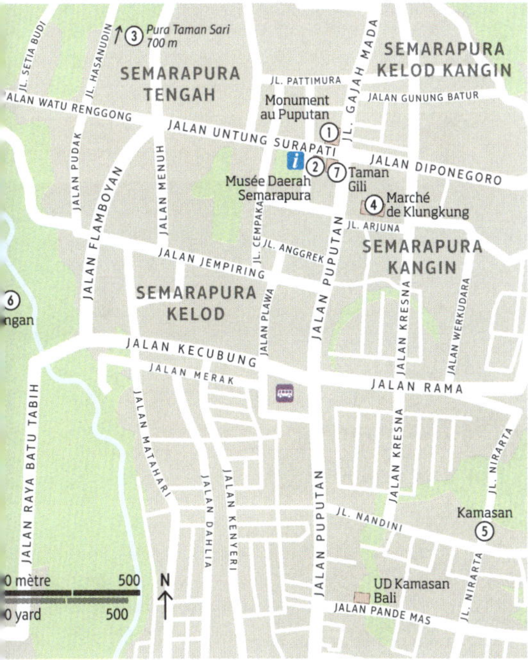

⑥

Tihingan

À 4 km à l'O de Klungkung

Centre de la production des instruments du gamelan, le village de Tihingan accueille les visiteurs dans les ateliers de ses artisans. On peut y observer les forgerons au travail. Appelés *besalen* et *pane gong*, ils forgent, tordent et soudent les pièces en métal pour créer des gongs et des métallophones qu'ils accordent avec précision. Ils fabriquent aussi des instruments en cuivre et en laiton pour les rituels, telles les cloches utilisées par les prêtres. Les artisans produisent également de superbes tambours traditionnels.

7

TAMAN GILI

Puri Semarapura, à l'intersection de Jalan Surapati et Jalan Puputan, Klungkung t.l.j. 7h-18h jours fériés

Datant du début du 18e siècle, le « jardin-île » est le seul vestige du palais royal de Klungkung. Les peintures du Bale Kerta Gosa et du Bale Kambang constituent de merveilleux exemples du style *wayang*.

De l'ancien palais royal, en partie détruit en 1908 durant la conquête néerlandaise, ne subsistent principalement que deux pavillons ouverts, ou *bale*, aux remarquables plafonds. Les panneaux peints, agencés en plusieurs niveaux, ont été restaurés à plusieurs reprises au cours des cent dernières années. Ils ont été réalisés dans le style *wayang*, avec des personnages inspirés des marionnettes du théâtre d'ombres *(p. 127)*. La structure actuelle du Bale Kambang, ou Pavillon flottant, date des années 1940.

Le palais, construit dans la plus pure tradition balinaise, est un ensemble de cours, de pavillons, de jardins, de greniers à riz et de temples domestiques reliés par un paisible labyrinthe d'allées jalonnées de portails, le tout entouré de hauts murs. Le palais était situé près du marché, centre de l'activité artistique et économique – les royaumes balinais étaient définis par leur fonction sociale et économique plutôt que par des frontières.

← Le paisible palais de Taman Gili, avec ses pavillons, cours, ponts et statues en pierre

LES PEINTURES DU KERTA GOSA

Dans le palais de justice, la principale série illustre le *Bhima Swarga*, une saga balinaise adaptée de l'épopée indienne du *Mahabharata*. Certaines scènes dépeignent les Histoires de Tantri (version balinaise des fables indiennes). D'autres, inspirées d'un calendrier astrologique, figurent des séismes et des éruptions.

Le saviez-vous ?

Le portail principal se serait refermé tout seul après le *puputan* en 1908. Personne n'a osé l'ouvrir depuis.

↓ Les édifices et les jardins composant le palais royal de Taman Gili

→ Statue en pierre d'un démon mythique à Taman Gili

5

TENGANAN, VILLAGE BALI AGA

G3 · 3 km à l'O de Candi Dasa · depuis Candi Dasa · Amlapura ; (0363) 21 196 · du lever au coucher du soleil

En partant à la découverte de Tenganan, vous remonterez le temps ! Le village est peuplé de Bali Aga, descendants des Balinais originels, qui perpétuent un mode de vie traditionnel et un artisanat de toute beauté.

Les Bali Aga ont opposé une résistance farouche à l'autorité des Majapahit. Habités par la conviction qu'ils descendaient des dieux, ils ont préservé leur culture avec opiniâtreté.

La visite de Tenganan promet l'une des expériences culturelles les plus authentiques de Bali. L'un des premiers établissements de l'île, le village demeure un bastion des traditions autochtones, les Bali Aga perpétuant un mode de vie réglementé par une loi coutumière (*adat*) stricte. Le village et les terres environnantes appartiennent à la collectivité, et les revenus tirés de la location des rizières à des métayers des environs sont partagés entre les villageois.

Ces derniers peuvent ainsi se consacrer à des pratiques artisanales comme la vannerie calligraphie, et le tissage – dont la fabrication du *geringsing*, ou double *ikat*. L'étoffe utilisée à des fins rituelles est supposée protéger de la maladie et des esprits malveillants. Voitures et motos sont interdites dans le village.

1 Travail de calligraphie exécuté sur des feuilles de palmier.

2 Offrandes présentées lors d'une cérémonie traditionnelle.

3 Le *geringsing* est tissé selon la technique du double *ikat*.

←

Une rue de Tenganan, où les Bali Aga perpétuent un mode de vie structuré par les rituels et les cérémonies

LA LÉGENDE DE TENGANAN

Selon la tradition, le roi Bedaulu, qui gouvernait Bali au 14e siècle, perdit son cheval favori et offrit une récompense à celui qui le retrouverait. Des villageois découvrirent sa dépouille près de Tenganan et demandèrent des terres en retour. Malgré le fait que le cheval était mort, le roi envoya son ministre pour délimiter le territoire à leur octroyer, en lui précisant d'inclure toutes les terres où il sentirait l'odeur du cheval mort. Accompagné par le chef du village, qui avait caché un peu de viande pourrie sous ses vêtements, le ministre accomplit sa mission et il fixa les limites du village telles qu'elles sont parvenues jusqu'à nous.

À la découverte du village bali aga de Tenganan

Ce village entouré d'un mur se distingue par son agencement. Des pavillons communautaires, tel le Bale Agung, où se réunit le conseil du village, sont disposés conformément à des croyances ancestrales. Trois rues parallèles s'élèvent du nord au sud en direction des montagnes en une succession de paliers reliés par des rampes pavées. Elles sont coupées d'est en ouest par des ruelles perpendiculaires, l'ensemble formant un quadrillage. De part et d'autre des rues se succèdent maisons, greniers à riz, sanctuaires, pavillons communautaires, cuisines ouvertes et bâtiments administratifs.

Devant les maisons, des paniers traditionnels en *ata*, disposés en rangées, sèchent au soleil. On peut assister à des démonstrations de tissage et d'autres pratiques artisanales dans les maisons des villageois, qui servent aussi d'ateliers et de boutiques. Les calligraphes exécutent des calendriers et des illustrations sur des feuilles de palmier avec de l'encre à base de noix de macadamia, les tisserandes réalisent de délicats *geringsing* et les sculpteurs sur bois fabriquent des masques.

À l'extrémité nord du village, après l'école élémentaire, un porche imposant ouvre sur une jungle de durians, arbres à pain, cocotiers et plantes grimpantes. Quelques marches conduisent à la maison de l'apiculteur, où les visiteurs sont toujours bienvenus.

←
Femmes bali aga transportant la récolte de noix de coco ; rizières exploitées par les métayers des villages alentour *(médaillon)*

MEKARE-KARE

Chaque année en juin, ce simulacre de combat oppose de jeunes villageois qui se battent avec des feuilles de pandanus, au bord épineux et piquant. Chaque duel, d'une durée de quelques secondes, est accompagné par la musique martiale du gamelan *selunding*, mais aussi par les rires du public et autres manifestations de joie. Les attaques sont parées avec des boucliers en feuilles d'*ata*, et il n'y a ni gagnants ni perdants, l'objectif étant d'offrir du sang aux dieux. Les blessures sont soignées avec de l'alcool et du curcuma.

Le saviez-vous ?

L'artisanat de Tengana est aussi vendu dans les boutiques de Seminyak et d'Ubud.

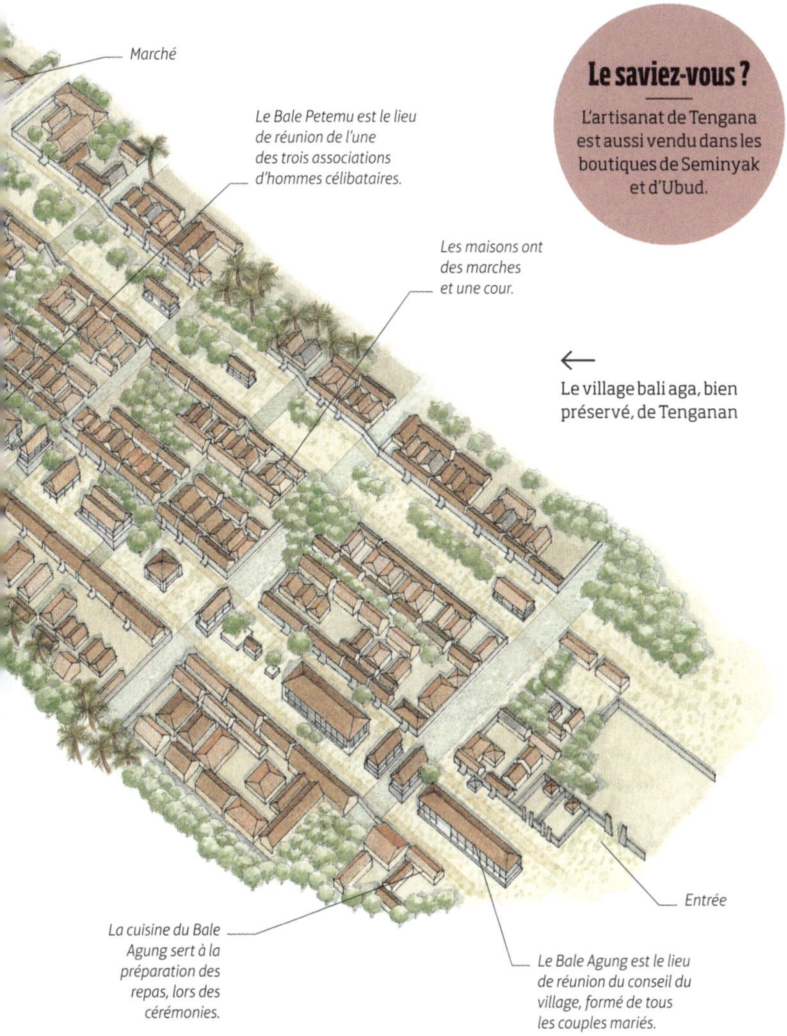

← Le village bali aga, bien préservé, de Tenganan

Superbes rizières en terrasses près de Tirtagangga, avec les monts Lempuyang et Seraya en toile de fond ↑

GRANDE BALADE

DE TENGANAN À TIRTAGANGGA

Longueur 6 km **Durée** 3 heures
Ville la plus proche Candi Dasa **Transport** *Bemo* pour Candi Dasa, puis transport individuel **Terrain** vallonné

Cette balade dévoile certains des plus beaux paysages de Bali et toute la richesse de la vie traditionnelle balinaise. Les points les plus hauts offrent de superbes panoramas sur les montagnes. La promenade longe aussi des rizières en terrasses et traverse des villages typiques accrochés à flanc de colline, qui abritent de magnifiques temples.

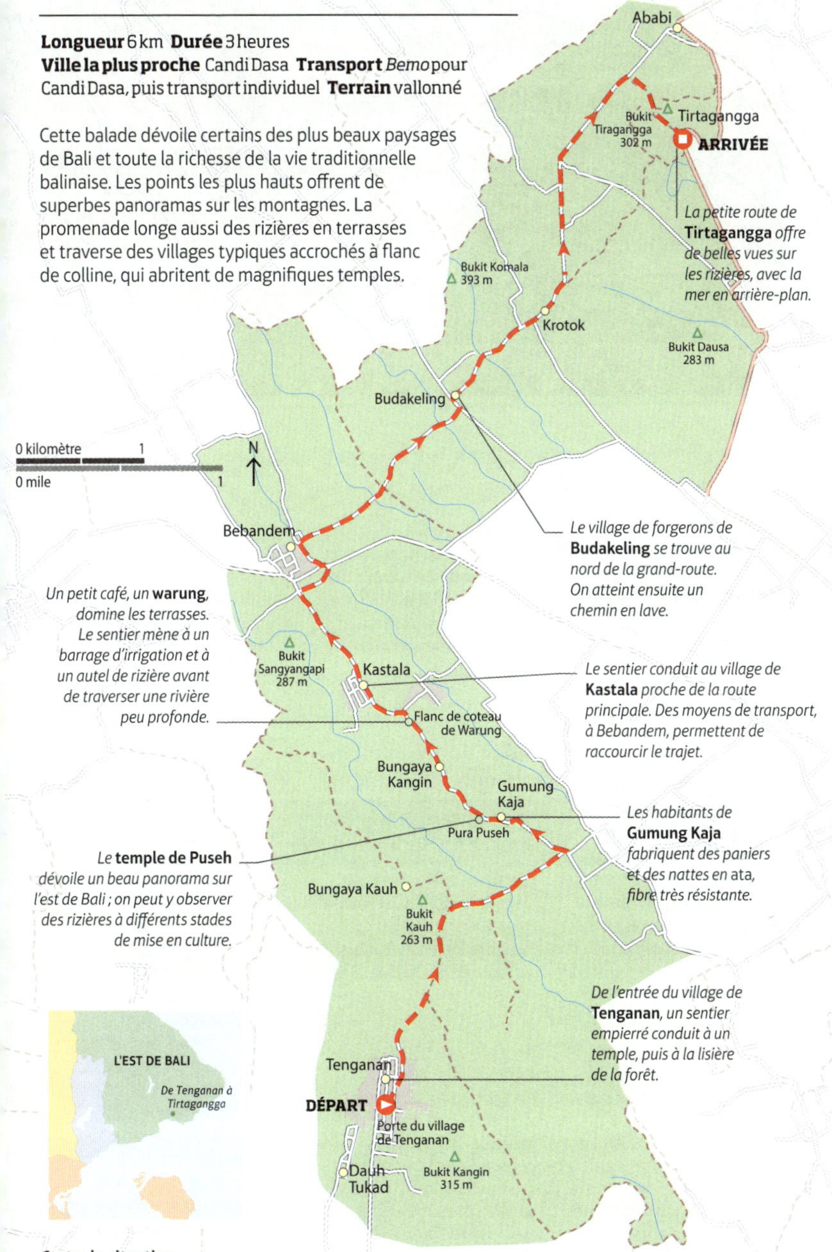

Carte de situation
Voir le plan p. 114

À VOIR ÉGALEMENT

6

Palais de Tirtagangga

G3 Ababi (0361) 730 374 t.l.j.

Ce petit village à flanc de colline au milieu de rizières porte un nom qui signifie « eau sacrée du Gange ». Tirtagangga abrite le plus bel exemple de palais d'eau à avoir subsisté à Bali. Il fut construit en 1947 par Anak Agung Anglurah Ketut, dernier raja de Karangasem. Campé dans un jardin bien entretenu, il abrite une source sacrée et plusieurs bassins. Les visiteurs peuvent se baigner, au prix d'une modique contribution (vestiaires rudimentaires). Il jouit d'un climat frais, et des *homestays* permettent d'y séjourner.

7

Bangli

F3 Jalan Brigjen Ngurah Rai 30 ; (0366) 91 537

Capitale royale du 14e au 19e siècle, Bangli est l'une des plus anciennes villes de Bali. Sa situation en altitude, sur la route du mont Batur, lui donne un climat frais idéal pour les promenades à pied.

Entouré d'une végétation luxuriante, le **temple de Kehen** (Pura Kehen), fondé au 12e siècle, s'étage à flanc de colline sur huit terrasses. La première cour renferme un immense banian dont les branches dissimulent un *kulkul* contenant le tambour d'appel aux prières. Des statues bordent l'escalier qui conduit au sanctuaire intérieur, dont le *meru* à onze étages est dédié au dieu du Feu. Dans un angle s'élève un *padmasana trisakti*, avec un élégant décor sculpté. Entrée avec donation.

Le **temple de Penyimpenan** (Pura Penyimpenan) conserve trois inscriptions sur bronze qui indiquent que le lieu était considéré comme saint bien avant la construction du sanctuaire actuel.

Des images du ciel et de l'enfer couvrent les murs du **temple des morts de Pengungekan** (Pura Dalem Pengungekan) qui abrite des

LES TISSAGES

À Bali, les étoffes revêtent une grande importance. La région est célèbre pour le *geringsing*, une forme de double *ikat* fabriquée seulement par les Bali Aga du village de Tenganan *(p. 130)*. Les Balinais lui attribuent des pouvoirs spirituels protecteurs. Sidemen a pour spécialité le *songket*, un riche brocart de soie où fils d'or et d'argent créent des motifs raffinés. Le *songket* est souvent réservé aux événements religieux ou de la vie sociale. Il entre aussi dans la confection de costumes de danse.

←
Pas japonais et statues ornant les bassins du palais royal de Tirtagangga

autels dédiés aux trois grands dieux hindous.

Temple de Kehen
Jalan Sri Wijaya t.l.j.

Temple de Penyimpenan
Jalan Sri Wijaya t.l.j.
durant les cérémonies

Temple des morts de Pengungekan
Jalan Merdeka t.l.j.
durant les cérémonies

8

Iseh

F3 depuis Bangli et Klungkung Amlapura ; (0363) 21 196

Les alentours d'Iseh abondent en splendides paysages, notamment sur la route qui se dirige vers l'est depuis Bangli et passe par Muncan et Duda. Elle suit de grandes vallées volcaniques aux verdoyantes rizières en terrasses. Walter Spies *(p. 56)* a possédé une maison à Iseh – désormais une luxueuse villa hôtel –, qui lui a inspiré certaines de ses plus belles peintures.

À 6 km à l'est d'Iseh, le village de Putung abrite quelques *homestays*. Le village de Sibetan, 4 km plus à l'est, a pour spécialité la culture du *salak*, un fruit dont le goût évoque à la fois la pomme et la fraise, et dont la peau rappelle celle d'un serpent.

9

Sidemen

F3 depuis Bangli et Klungkung Amlapura ; (0363) 21 196

Sidemen renferme quelques bons *homestays* dominant des rizières sur les contreforts du mont Agung et offre un cadre paisible au cœur d'une des plus belles parties de l'est de Bali. La végétation dessine un subtil patchwork déclinant toutes les nuances du vert devant un majestueux arrière-plan montagneux.

POINT PHOTO
Vue fabuleuse
La maison bâtie à Iseh par l'artiste Walter Spies, convertie en hôtel *(www.villaiseh.com)*, offre un panorama sublime sur la vallée de Sidemen et le mont Agung. Mick Jagger et David Bowie y ont séjourné.

Le village abrite aussi des ateliers de *songket*, tissage de soie et de fils d'or et d'argent, dont la fabrication était autrefois réservée aux castes élevées.

10

Gelgel

F3 depuis Klungkung Klungkung ; (0366) 21 448

Dewa Ketut Ngulesir, le fils du premier roi majapahit de Bali *(p. 54)*, installa sa cour à Gelgel au 14e siècle. Le temple d'État (Pura Dasar), dominé par de hauts *meru*, et avec sa majestueuse cour extérieure, rappelle cette période faste. Plusieurs autres temples bordent les rues de Gelgel, dont celui de Penataran. Le village est également réputé pour ses tissus *songket*.

→
Le grandiose mont Agung vu depuis la vallée de Sidemen

11 Temple de Goa Lawah

F3 Klungkung ; (0363) 21 448 t.l.j.

Le temple aurait été fondé en 1007 par Mpu Kuturan. Associé aux rites funéraires, il garde l'entrée d'une grotte peuplée de dizaines de milliers de chauves-souris. Celle-ci s'enfoncerait de 20 km dans la montagne et rejoindrait le temple de Besakih *(p. 116)*. La grotte abriterait le serpent géant Gana Basuki, gardien de l'équilibre du monde. À l'extérieur, plusieurs restaurants ont vue sur l'océan en direction de Nusa Penida et de Lombok. L'endroit est aussi connu pour ses marchands ambulants. À 4 km au sud-ouest de Goa Lawah, le village de Kusamba possède une plage de sable noir où les pêcheurs tirent au sec leurs *jukung*. Ces pirogues à balancier sont un bon moyen d'aller passer une journée sur les îles voisines, mais la mer est souvent agitée et les vagues peuvent rendre l'expérience désagréable.

12 Candi Dasa

G3 Jalan Candi Dasa ; (0363) 21 002

Ce village de pêcheurs est une base idéale pour s'adonner à la plongée, au snorkelling, à la randonnée, et explorer le littoral est de Bali. Dans cette magnifique région au riche passé, appartenant à la régence de Karangasem, la vie n'a guère changé depuis des générations. Plus tranquille que certaines zones touristiques de l'île, elle offre néanmoins un large choix d'hébergements, de restaurants et de Spa.

À l'origine, le nom Candi Dasa désignait deux petits temples : un consacré à Shiva ; l'autre, sur un lagon sacré frangé de palmiers, dédié à Hariti, déesse de la Fertilité, objet de vénération pour les couples sans enfants. Candi Dasa serait dérivé du terme balinais « Cilidasa », qui signifie « dix enfants ».

Les eaux chaudes et cristallines de la baie du Lagon bleu sont propices à la plongée et au snorkelling pour observer l'abondante faune du récif corallien. Les environs de Candi Dasa offrent aussi de superbes itinéraires de randonnées. Depuis Bukit Asah, près du village de

Jasri Bay Hideaway
Près de Candi Dasa, cette adresse ouvrant sur la mer offre cinq élégants pavillons en bois, une piscine et un restaurant servant les produits du jardin bio.

G3 Jalan Pura Mastima, Jasri Kelod jasribay.com

Rp Rp Rp

Rencontre avec un banc de poissons-soldats dans le récif au large de Candi Dasa

Bugbug, une montée de 30 min conduit au sommet d'une colline dévoilant un panorama spectaculaire sur la mer, la côte et les îles voisines. De là, une descente de 10 min rejoint Pasir Putih (Virgin Beach), splendide étendue de sable de 500 m de long, bordée de cocotiers. Transats, parasols, masseuses, paillotes proposant boissons et poisson frais vous attendent.

↑ Pont menant au principal sanctuaire du palais de Taman Ujung

13 Ujung

G3 depuis Amlapura
Amlapura ; (0363) 21 196

Le nom d'*Ujung* (« au bout ») convient bien à ce village de pêcheurs isolé. Le dernier raja de Karangasem, Anak Agun Anglurah Ketut, s'y fit édifier en 1919 un somptueux palais d'eau, le palais de Taman Ujung (Puri Taman Ujung). Très abîmé par l'éruption du mont Agung en 1963 et le tremblement de terre de 1974, il a retrouvé sa splendeur après sa rénovation en 2004.

Depuis Ujung, la route étroite qui contourne la pointe orientale de Bali offre une vue spectaculaire sur l'océan et le mont Seraya. Mieux vaut vous renseigner toutefois sur l'état de la route.

14 Padang Bai

F3 pour Nusa Lembongan, Nusa Penida et Lembar, Lombok
Amlapura ; (0363) 21 196

Cette station balnéaire est une excellente base pour explorer la région. C'est aussi l'unique port d'où partent les ferrys pour Lombok, d'où le trafic chargé avec Dempasar. Le village compte de nombreux restaurants, hôtels et clubs de plongée.

Depuis Padang Bai, une courte marche vers l'ouest conduit à la plage de sable blanc de Biastugal. Un peu plus loin le long de la côte, il est possible de louer une pirogue afin d'aller découvrir avec masque et tuba des fonds coralliens. Compter 20 min à pied pour atteindre le promontoire qui ferme la baie à l'est. Plusieurs temples s'y dressent, dont celui de Silayukti (Pura Silayukti), ancien ermitage de Mpu Kuturan, initiateur au 11e siècle, du système de triple sanctuaire de village.

À l'origine, le nom Candi Dasa désignait deux petits temples : un consacré à Shiva ; l'autre, sur un lagon sacré frangé de palmiers, dédié à Hariti, déesse de la Fertilité.

15 Tulamben

G2 depuis Amlapura et Singaraja Amlapura ; (0363) 21 196

Petit village sans intérêt particulier, Tulamben est surtout réputé comme l'un des sites de plongée les plus populaires de Bali grâce à l'épave du *Liberty*, un cargo américain de 120 m de long coulé durant la Seconde Guerre mondiale. Celui-ci repose à une quarantaine de mètres du rivage et à 3 m de profondeur pour sa partie la plus haute. Une faune et une flore étonnantes ont profité de ce support. Des clubs de plongée y organisent des sorties d'une journée.

Décoration d'inspiration européenne dans le palais royal d'Amlapura ↑

16

Amlapura

G3 · Jalan Diponegoro ; (0363) 21 196

Ce petit chef-lieu de district, dont le marché animé attire des villageois de toute la région, a reçu son nom actuel lors de sa reconstruction après l'éruption du mont Agung en 1963. Ce nouveau nom est supposé protéger la ville de la colère des dieux, mais ses habitants utilisent souvent l'ancien nom : *Karangasem*.

Karangasem devint, au 17e siècle, la capitale d'un État puissant, dont les souverains étendirent leur pouvoir sur Lombok en 1678.
Le **palais d'Agung** (Puri Agung), leur ancien palais, également appelé *Puri Kanginan*, date du début du 20e siècle – le dernier raja y a vu le jour. Il est désormais inhabité, les descendants de la famille royale lui préférant ceux de Guri Bede ou de Kertasurahe (qui ne se visitent pas). Un imposant portail d'entrée évoquant une pagode à trois étages permet de pénétrer dans le vaste complexe, dont l'architecture mêle éléments européens et balinais.

Le bâtiment appelé Maskerdam (déformation locale d'Amsterdam) a reçu ce nom en hommage aux Néerlandais après leur conquête de Lombok en 1894. Il renferme des meubles qui furent offerts par la reine Wilhelmine des Pays-Bas. Ceux du pavillon London, grand bâtiment doté d'une longue véranda, portent des armoiries que le raja croyait être celles de la Couronne britannique.

Juste au sud d'Amlapura, la station balnéaire de Jasri cache un trésor : la **fabrique de chocolat artisanal Sorga**. Les visiteurs peuvent y découvrir le processus de fabrication du chocolat, de la récolte des cabosses aux délicieux produits finis, telles les tablettes et truffes (*sorga* signifie « paradis ») offertes à la dégustation. Des ateliers de fabrication sont proposés.

Le saviez-vous ?

David Bowie et Tin Machine ont sorti un titre sur Amlapura en 1991.

Palais d'Agung

Jalan Sultan Agung
t.l.j.

Chocolaterie Sorga

Jalan Pura Mastima, Jasri · lun.-sam. 8h-17h, dim. 8h-12h et 14h-17h
sorgachocolate.com

17

Temple de Lempuyang

G2 · passer par les villages de Tista, Abang et Ngis Tista · t.l.j. 7h-17h · Amlapura ; (0363) 21 196

La visite de l'ensemble de temples de Lempuyang justifie largement une excursion d'une journée, notamment lorsqu'une cérémonie s'y déroule. Le trajet pour y accéder participe aux charmes de la découverte. Depuis Tirtagangga, la route suit une vallée occupée par des rizières, en direction du

→

La vue à travers le portail fendu du temple de Penataran Agung Lempuyang nord-est. Le site réunit sept temples, le plus spectaculaire étant le Pura Penataran Agung Lempuyang, où le mont Agung se profile derrière un imposant portail fendu, d'un blanc étincelant. Trois couples d'énormes serpents de mer – gardiens du temple – flanquent les trois escaliers menant aux portails d'apparat.

Un kilomètre plus loin, le temple de Pasar Agung Lempuyang marque le départ d'un escalier de 1700 marches jalonné d'aires de repos. Il grimpe à travers la forêt peuplée de singes jusqu'au temple directionnel de Lempuyang Luhur, à 1175 m d'altitude au sud-est du mont Agung. De dimension modeste – il possède une seule cour –, c'est l'un des temples les plus anciens et les plus vénérés de Bali, notamment en raison de son emplacement. Ce site, qui était vraisemblablement sacré avant l'époque hindoue, distille une atmosphère mystique. Dans les années 1960, avant l'électrification de Bali, un satellite aurait enregistré sur l'île la présence d'une lueur bleutée sortant de la Terre ; un étrange phénomène localisé au temple de Lempuyang Luhur.

18

Amed

G2 Amlapura ; (0363) 21196

Amed désigne un chapelet de villages de pêcheurs s'étirant sur 10 km à l'est de l'île. Ils sont reliés par une route sinueuse et cahoteuse qui contourne des promontoires, surplombe des criques et des plages de sable gris où les *jukung*, bateaux de pêche traditionnels, s'entassent. Connue pour les fabuleux couchers de soleil sur le mont Agung et levers de soleil sur Lombok, cette région abrite certains des plus beaux récifs coralliens de l'île et sites de plongée. C'est aussi le point de départ des marches sur le mont Seraya.

Hôtels, restaurants et resorts spécialisés dans la plongée y abondent. La production du sel s'effectue sur les plages, et les pêcheurs emmènent les visiteurs sur leurs bateaux.

Perché sur des falaises, le village de Seraya serait le berceau du poleng. Les Balinais revêtent cette étoffe sacrée, à carreaux noirs et blancs, à l'occasion des cérémonies, et la drapent autour des arbres et des statues. Le tissage connaît une renaissance à Seraya, comme en témoignent les femmes qui fabriquent les textiles traditionnels, et la culture de plantes destinées aux teintures telles que l'indigotier et *Morinda citrifolia*.

Warung Enak

Cette charmante adresse propose une cuisine balinaise authentique.

G2 Purwakerti, Amed (0819) 1567 9019

Rp

Sails Restaurant

Saveurs méditerranéennes avec vues sur la mer, à flanc de colline.

G2 Bunutan, Amed (0363) 22 006

Rp Rp

Aquaterrace

Délicieux mets balinais et japonais dans ce restaurant situé en haut d'une falaise.

G2 Selang Bunutan, Amed aquaterrace-amed.com

Rp Rp

19

Mont Agung

F2

Point culminant de Bali (3 142 m), l'imposant mont (*gunung*) Agung est un volcan actif. Les Balinais l'apparentent à la réplique terrestre du mont Meru, axe du monde dans l'hindouisme, ce qui explique la place primordiale qu'il occupe dans leurs vies. Ce lieu sacré, demeure des ancêtres, guide l'orientation des temples, des maisons et même des lits.

Le flanc est du mont Agung, dénudé et creusé par les coulées de lave, porte les stigmates de l'éruption la plus dévastatrice de son histoire récente, en 1963. Les Balinais interprètent le phénomène comme une manifestation divine : il serait dû à une erreur dans le choix de la date de l'Eka Dasa Rudra, fête qui a lieu une fois tous les cent ans dans l'ensemble de l'île pour apaiser les démons.

Actuellement, le volcan est de nouveau en activité et son ascension est interdite pour des raisons de sécurité. Même sur ses contreforts, les visiteurs doivent avoir conscience qu'ils se trouvent à proximité d'un lieu sacré, et respecter les règles vestimentaires en vigueur dans les temples *(p. 199)*.

LE GUNUNG AGUNG, UN VOLCAN MENAÇANT

Le mont Agung est capable d'éruptions cataclysmiques accompagnées de coulées pyroclastiques. Ce phénomène consiste en un mélange de gaz, de cendres et de blocs de roche porté à haute température, qui dévale les pentes du volcan à une vitesse vertigineuse. En 2017, la reprise de l'activité sismique et volcanique sur le mont Agung a provoqué l'évacuation de 122 500 personnes et la mise en place d'une zone d'exclusion de 6 km autour du cratère. En mai 2019, le sud de Bali a été recouvert de cendres après une éruption de quelques minutes seulement.

20

Temple de Tegeh Koripan

E1 depuis Kintamani
pendant les cérémonies
Penelokan ; (0366) 51 370

Aussi appelé Pura Sukawana et Pura Penulisan, le temple de Tegeh Koripan (Pura Tageh Koripan), situé à plus de 1 500 m d'altitude sur les flancs du mont Penulisan, compte parmi les plus hauts de Bali. Sa fondation date du 11e siècle, à l'ère bouddhiste pré-hindoue, mais sa structure pyramidale sur onze niveaux laisse supposer des origines mégalithiques. Le temple, qui est peu visité, se compose en fait de cinq sanctuaires utilisés par des villageois des environs.

Le sanctuaire principal, le temple Panarajon, dédié au dieu des montagnes, occupe la position la plus élevée, au sommet d'un escalier de 345 marches. Il conserve des pierres gravées d'inscriptions anciennes et des statues remontant, pour certaines, au 11e siècle.

Les flancs du mont Penulisan, réservent de beaux panoramas. Par temps clair, on peut voir jusqu'à Java à l'est et Bali au nord.

21 Kintamani

E2 Penelokan ; (0366) 51 370

L'un des sites touristiques les plus populaires de Bali, Kintamani doit principalement sa réputation à la vue du volcan dans la caldeira du mont Batur *(p. 120)*. Sur la crête de la caldeira, à 1 500 m d'altitude, le village jouit d'un climat frais.

Kintamani forme avec les localités voisines de Penelokan et de Batur une longue agglomération où de nombreux services répondent aux besoins des visiteurs. Mieux vaut arriver tôt le matin pour éviter les foules et profiter pleinement des superbes points de vue propices aux photos, les après-midi étant souvent nuageux.

Depuis Kintamani, le panorama qui se dévoile au regard suscite un mélange d'admiration et d'effroi, justifiant le déplacement à lui seul. D'est en ouest, la vue embrasse successivement le mont Batur ; le singulier village bali aga de Trunyan *(p. 121)*, sur la rive du lac Batur ; et plus loin, le mont Abang, face au volcan.

Au pied du mont Batur, le lac éponyme occupe une caldeira beaucoup plus ancienne. Il est alimenté par des sources chaudes, qui offrent des possibilités de baignade à Toya Bungkah. De nombreux restaurants se succèdent sur 10 km le long de la route au bord du cratère. Le Batur Geopark Museum est dédié au volcan, et un marché de producteurs propose des fruits succulents.

↑ Quai et bar flottant sur le lac Batur, Kintamani

← Fumée et vapeurs s'échappant du mont Agung en pleine activité

22 Village de Bayung Gede

E2 8 km au SO de Kintamani

Considéré comme le berceau des Bali Mula – les premiers habitants de l'île –, le village de Bayung Gede est antérieur à l'époque hindoue et ses habitants continuent d'entretenir les traditions mises en place par leurs ancêtres. Derrière les « murs » de bambou qui le protègent, le temps semble suspendu et la circulation automobile est pratiquement inexistante. Les rues orientées nord-sud abritent plus de 2 000 habitants. Les murs des maisons sont construits avec des briques de terre et les toits pentus, fabriqués avec des tuiles de bambou ; leur réfection donne lieu au *gotong royong* (travail collectif), qui réunit parents et amis. Bayung Gede n'a rien à voir avec un site touristique. Les visiteurs y sont cependant bienvenus, à condition de faire preuve de discrétion et de respect.

Bali Asli

Sur les contreforts du mont Agung, ce restaurant/école de cuisine offre des vues sublimes. La cuisine balinaise traditionnelle est préparée avec les produits du potager et cuite au feu de bois dans des fours en briques de terre.

G2 Jalan Raya Gelumpang, Gelumpang
baliasli.com.au

Rp Rp Rp

Le temple Tanah Lot, sur une petite île de la côte

LE NORD ET L'OUEST DE BALI

La partie de Bali décrite dans ce chapitre correspond aux régences de Tabanan, Jembrana et Buleleng, dont les capitales administratives sont, respectivement, Tabanan, Negara et Singaraja. Plus on pénètre vers l'ouest, plus la proportion de musulmans dans la population augmente. Les communautés les plus anciennes, qui remontent au 17e siècle, furent fondées par des marins bugis fuyant l'invasion des Sulewsi en 1667.

Les influences extérieures ont marqué l'histoire de l'ouest et du nord de Bali, et l'atmosphère des villes de Negara et de Singaraja évoque les ports marchands javanais. Première région conquise par les Hollandais, dès 1849, celle-ci a gardé des traces profondes de la colonisation, en particulier à Singaraja devenue préfecture en 1855, où ont survécu quelques bâtiments administratifs et résidentiels de l'époque.

C'est à Singaraja et dans la région voisine que les Néerlandais lancèrent leurs dernières attaques contre les royaumes de Badung, Tabanan et Klungkung dans le sud de Bali entre 1906 et 1908. La presse européenne critiqua vertement ces batailles, les taxant de massacres. Afin de redorer leur blason sur la scène internationale, les Néerlandais prirent de nombreuses mesures visant à préserver la culture balinaise, mais mirent aussi en place un programme de transmigration afin d'envoyer les habitants des zones très peuplées vers des régions où la population était moins dense. Cette pratique se poursuivit même après la déclaration d'indépendance en 1949. Ainsi, de nombreux Balinais furent chassés du nord de l'île après l'éruption du volcan Agung en 1963. Cette migration ralentit le développement du tourisme dans le nord et l'ouest de Bali, aujourd'hui prisés par les touristes souhaitant fuir la foule.

LE NORD ET L'OUEST DE BALI

Incontournables

1 Parc national de l'ouest de Bali
2 Singaraja
3 Temple de Meduwe Karang
4 Temple de Taman Ayun

À voir également

5 Temple de Tanah Lot
6 Kapal
7 Pejaten
8 Krambitan
9 Tabanan
10 Parc aux papillons de Bali
11 Marga
12 Blayu
13 Sangeh
14 Forêt aux singes de Sangeh
15 Yeh Panas
16 Mont Batukaru
17 Temple de Gangga
18 Perancak
19 Negara
20 Plage de Medewi
21 Gilimanuk
22 Makam Jayaprana
23 Île de Menjangan
24 Pemuteran
25 Pantai Gondol
26 Banjar
27 Munduk
28 Pupuan
29 Lac Tamblingan
30 Lac Buyan
31 Lacs Bratan et Bedugul
32 Lovina
33 Jagaraga
34 Gitgit
35 Tejakula

0 kilomètre 10
0 mile 10
N
PURA MEDUWE KARANG 3
Air Sanih
Kubutambahan
Sangsit
SINGARAJA 2
33 JAGARAGA
Pacung
Julah
35 TEJAKULA
Sembiran
Geretek
Sawan
Chutes de Yeh Mempeh
Anturun
Sudaji
Pegayaman
Bakungan
Tembok
LOVINA 32
Selat
34 GITGIT
Satra
Bayun
Munduk Bawan
Seririt
Chutes de Singsing
Dusa
26 BANJAR
Pengastulan
Sidatapa
Penulisan
Pedawa
LAC BUYAN
Lampu
Mont Catur 1 861 m
Catur
Kintamani
L'EST DE BALI
p. 112
Mayong
30
Mungsengan
Lac Batur
Candi Kuning
MUNDUK 27
29 LAC TAMBLINGAN
31 LAC BRATAN
Abang
Kedisan
31
Pelaga
Mont Sangiyang 2 095 m
BEDUGUL
BANGLI
Mangguh
Suter
28 PUPUAN
Baturiti
Pelaktiying
16 GUNUNG BATUKARU
Pujungan
Pacung
Sengkaduan
asut
Jatiluwih
Bunteh
Bangkled
Batukau
Apuan
Besakih
Yehempas
Bonjaka
Petang
Blimbing
Menanga
LE CENTRE DE BALI
p. 90
Penebel
Ayung
Susut
TABANAN
PURA GANGGA 17
YEH PANAS
MARGA
Bangli
FORÊT DES SINGES DE SANGEH
Sideman
15
11
14
Wanasari
Sembung
13 SANGEH
Gaga
KLUNG-KUNG
Surabrata
PARC AUX PAPILLONS DE BALI 10
Bunutin
Antosari
Blahkiuh
Jagaperang
BLAYU
12
Baha
GIANYAR
Soka Beach
9
4 PURA TAMAN AYUN
Gianyar
Semarapura
KRAMBITAN 8
TABANAN
Mengwi
Klotak
Penarukan
Kediri
6 KAPAL
Belega
Klating Beach
PEJATEN 7
Lukluk
Sempidi
Sukawati
Tanah Lot
5
Kangkang
PURA TANAH LOT
LE SUD DE BALI ET LA PÉNINSULE DE BUKIT
p. 62
Kuta
Océan Indien
Aéroport international Ngurah Rai
Kuta Selatan
Péninsule de Bukit
LE NORD ET L'OUEST DE BALI

Le saviez-vous ?

160 espèces d'oiseaux ont été recensées dans le parc

Plate-forme surplombant la canopée dans le Menjangan Resort, Taman Nasional Bali Barat ↑

1

PARC NATIONAL DE L'OUEST DE BALI

A B2 i Bureau du parc, Jalan Raya Gilimanuk, Cekik, (0365) 610 60

L'extrémité ouest de Bali abrite la spectaculaire réserve naturelle du Taman Nasional Bali Barat (parc national de l'ouest de Bali), administrée par l'Office indonésien des forêts. Fondée en 1941 par les Néerlandais, elle compte des milliers d'hectares de paysages sauvages protégés. Sa vocation ? Préserver la flore et la vie sauvage de l'île, et servir de refuge à des espèces animales menacées d'extinction.

On peut randonner dans la forêt pluviale, explorer la savane et les mangroves, s'adonner au snorkelling autour de l'île de Menjangan. Le parc abrite plus de 200 espèces de plantes et plus de 300 espèces d'oiseaux et autres animaux, notamment le rare étourneau de Bali, menacé de disparition. Parmi les autres espèces protégées figurent le pangolin, l'écureuil géant oriental, le porc-épic de Malaisie et le chat marbré. Pour pénétrer dans le parc, les visiteurs doivent être munis d'une autorisation (délivrée au bureau du parc) et accompagnés d'un guide. Seules les promenades à pied sont autorisées.

L'ÉTOURNEAU DE BALI

L'étourneau de Bali *(Leucopsar rothschildi)* est le seul oiseau endémique de Bali à avoir survécu, mais c'est aussi l'un des plus menacés de disparition de la planète. Depuis 2005, des efforts ont été faits. Le programme de reproduction du parc national de l'ouest de Bali consiste à faire naître les oiseaux en captivité avant de les relâcher dans leur habitat naturel.

↑ Récif corallien et poissons autour de l'île de Menjangan

Points forts

Sentier de découverte

▼ Une courte randonnée effectuée avec un guide permet de découvrir la forêt pluviale. L'itinéraire passe près de plusieurs temples.

Prairies fertiles

Elles s'étendent près de la plage paisible de Gondol, où a été installé un institut de recherche sur la pêche.

Sambars

▲ Les pentes boisées du parc sont le territoire des cerfs sambars qui évoluent en liberté.

Sapi balinais

Cette espèce locale de bovins descend du banteng sauvage, qui a été domestiqué pour travailler dans les rizières.

Mangroves

▲ Les palétuviers protègent la côte de l'érosion. Crabes et gobies marcheurs se faufilent entre leurs racines.

↑ Étals du marché d'Anyar proposant produits frais et fleurs

2

SINGARAJA

D1 Terminaux de Jalan Surapati, Jalan Ahmad Yani et Sangket Jalan Veteran 2 ; (0361) 25 141

Principale ville du nord de Bali, Singaraja fut la capitale administrative de l'île sous la loi néerlandaise. C'est aujourd'hui la deuxième agglomération après Denpasar. Avec son charmant front de mer et ses bâtisses coloniales, l'ancienne cité royale invite à la flânerie.

①

Temple chinois

Jalan Erlanga 65
(0368) 263 32

Avec son toit de tuiles rouges traditionnel et ses plaques portant des caractères dorés, ce temple rappelle la forte présence de la communauté chinoise et son influence dans ce quartier de Singaraja.

②

Marchés d'Anyar

Jalan Dipenogoro et Jalan Gajah Mada t.l.j. 24h/24

Singaraja possède deux marchés. Celui de Jalan Dipenogoro réunit de nombreux étals de fruits et légumes, poisson, viande, fleurs et ustensiles de maison. Plus petit, celui de Jalan Gajah Mada vend des produits artisanaux et autres souvenirs. Sa fréquentation augmente après le coucher du soleil, lorsque la température baisse.

③

Temple de Jagat Natha

Jalan Pramuka

Ce temple hindou forme un vaste complexe de bâtiments couverts de sculptures. Un gamelan répète le soir dans l'une des cours. Entrée sur donation.

④

Palais royal de Singaraja

Jalan Mayor Metra
(0362) 229 74
t.l.j. 16h-18h

Également connu sous les noms de Puri Agung Singaraja et Puri Gede Buleleng, le palais

↑ Véranda traditionnelle en bois sculpté dans le palais royal de Singaraja

Le saviez-vous ?

Singaraja est l'un des rares endroits à Bali mêlant des apports néerlandais, chinois et islamiques.

royal de Singajara, édifié au début du 17e siècle, était la résidence principale des souverains du royaume de Buleleng. Détruit par les Néerlandais, il a été reconstruit au début du 19e siècle dans la plus pure tradition balinaise. Le palais forme un merveilleux labyrinthe de cours, d'habitations et de temples. Il est accessible dans le cadre de visites organisées.

---

⑤

Palais de Sinar Nadiputra

Jalan Veteran, près de Gedong Kertya
lun.-jeu., sam.

Cet ancien palais (*puri*) abrite l'atelier de tissage Puri sinar Naaiputra ouvert au public. Pour admirer les tisserands en pleine action ou s'offrir des *ikat* de soie et de coton dans la boutique adjacente.

---

⑥

Monument à l'Indépendance

Jalan Pelabuhan Buleleng

Sur le front de mer, ce monument représente le combattant de la liberté Yudha Mandala Tama, le bras tendu vers la mer. Il fut mitraillé depuis une vedette néerlandaise pour avoir remplacé le drapeau des Pays-Bas par celui de l'Indonésie au début de la lutte pour l'indépendance. Le port et sa jetée sont l'un des quartiers les plus charmants de la ville.

⑦

Gedong Kertya

Jalan Veteran 20 et 22
(0362) 22 645 lun.-jeu. 8h-16h, ven.-dim. 9h-16h

Fondé en 1928 par les Néerlandais, ce musée – seul du genre au monde – abrite une précieuse collection de manuscrits anciens réalisés sur des feuilles de palmier lontar (ou rontal). Ils traitent de sujets divers : histoire, littérature, mythologie, religion. Plus anciennes, des plaques de cuivre gravées, ou *prasasti*, narrent des récits traditionnels.

---

⑧

Nagasepaha

8 km au S de Singaraja

Le village de Nagasepaha est spécialisé dans la peinture sur verre. Jero Dalang Diah, fabricant de marionnettes de théâtre d'ombres, entama cette tradition en répondant, en 1927, à la demande d'un collectionneur. Celui-ci avait apporté la peinture sur verre d'une Japonaise en kimono pour qu'on lui fabrique un objet similaire, mais ayant pour sujet un personnage du théâtre *wayang*. L'art de Jero Dalang Diah évolua avec le dessin d'arrière-plans réalistes. Ses descendants et des voisins suivent sa voie.

LONTAR

Les manuscrits anciens appelés *lontar* étaient réalisés avec les feuilles du palmier éponyme (*Borassus flabellifer*). Elles étaient séchées, trempées dans l'eau, nettoyées, passées à la vapeur, de nouveau séchées et pressées avant d'être teintes et coupées en bandes. Les caractères étaient gravés à l'aide d'un style,t puis frottés avec une pâte à noircir pour les rendre visibles.

3

TEMPLE DE MEDUWE KARANG

E1 Jalan Raya Air Sanih, Kubutambahan (0361) 235 600 depuis Singaraja t.l.j. 8h-17h

Édifié à la fin du 19e siècle et dédié aux divinités de la terre, le temple du « Seigneur possédant le sol » (puri Meduwe Karang) est célèbre pour sa statuaire et ses panneaux sculptés.

Le saviez-vous ?

Meduwe Karang est le dieu qui protège les terres agricoles.

Ce temple, considéré comme l'un des plus vastes de Bali, abrite plusieurs sculptures et des ornements fleuris typiques de l'art religieux du nord de l'île. Ses deux cours s'étagent en terrasses reliées par des volées de marches encadrées par des portails fendus. Au sommet s'élève le Betara Luhur Ing Angkasa, l'autel pyramidal du « Seigneur possédant le sol ». L'un des plus étonnants panneaux sculptés orne le socle principal. Il décrit un personnage à bicyclette avec une feuille de lotus en guise de roue arrière.

Le long pavillon sur le côté de la cour intérieure sert de lieu de réunion pendant les fêtes.

→ Plan du temple de Meduwe Karang

Trente-quatre figures de la grande épopée indienne du Ramayana *ornent la terrasse de l'entrée.*

Des escaliers relient les terrasses.

← Sculptures figurant des personnages de l'épopée indienne du *Ramayana*

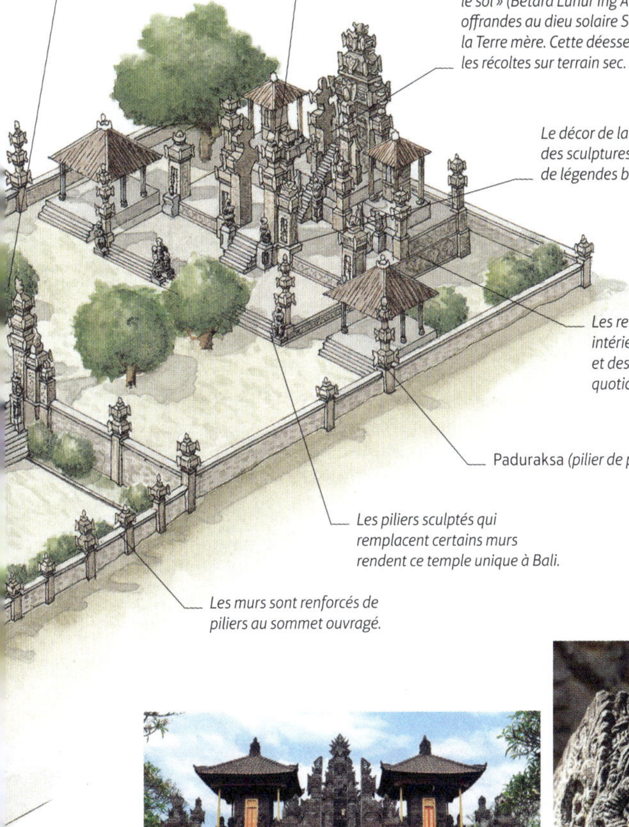

1 Trois rangées de personnages du *Ramayana* ornent l'entrée du temple.

2 Esprit gardien du temple, l'une des sculptures en pierre rehaussant l'entrée.

3 L'homme à vélo sculpté sur ce bas-relief serait le Néerlandais W. O. J. Nieuwenkamp, qui aurait introduit le premier vélo à Bali, en 1904.

4

TEMPLE DE TAMAN AYUN

D3 Mengwi (0361) 756 176
depuis Denpasar t.l.j. 9h-18h15
Certaines zones sont fermées au public en dehors des fêtes rituelles

Le « temple du Vaste Jardin », entouré de douves, symbolise l'univers hindou dans l'océan cosmique. Sa magnifique architecture est mise en valeur par des espaces verts ornés de bassins où flottent des lotus.

Situé sur un axe reliant les montagnes à la mer, le temple de Taman Ayun (pura Taman Ayun) a été élevé pour assurer l'écoulement harmonieux de l'eau depuis les sommets jusqu'aux rizières puis à la mer, avant qu'elle ne retourne aux montagnes. Ces dernières, apparentées aux demeures des dieux, sont représentées par les *meru*.

Fondé vers 1634 par le 10e souverain du royaume de Mengwi, le temple a été restauré en 1937. Des autels sont consacrés à la précédente famille royale de Mengwi et à son entourage. D'autres sont dédiés à des montagnes sacrées de Bali tels le mont Batur, le mont Agung et le mont Batukau, ainsi qu'aux divinités de la mer et de la terre.

↑ *Meru*, autels dédiés aux divinités des montagnes de Bali

→ Statue en pierre dans l'un des pavillons en bois du temple de Taman Ayun

Le saviez-vous ?

Les murs de brique qui délimitent les principales zones du temple ont été élevés sans mortier.

↑ Kori Agung, l'entrée principale du temple de Taman Ayun ; détail d'une statue de Sai *(médaillon)*, esprit gardien ornant le linteau

À VOIR ÉGALEMENT

5

Temple de Tanah Lot

D4 Tanah Lot depuis Denpasar et Kediri Tabanan ; (0361) 880 361 t.l.j. 6h-19h

Les agences de voyages locales ont fait de Tanah Lot l'un des sites les plus touristiques de Bali. Ce petit temple perché sur un îlot à 100 m de la côte offre un spectacle féerique lorsque ses toits de chaume évoquant des pagodes chinoises se détachent sur un ciel embrasé par le crépuscule. L'endroit est souvent trop fréquenté, mieux vaut s'y rendre bien avant le coucher du soleil. Les stands de boissons, d'artisanat et de souvenirs sont une source essentielle de revenus pour les femmes et les enfants du village.

Au début du 20e siècle, le rocher était accessible à pied en permanence ; aujourd'hui, il ne l'est plus qu'à marée basse, mais seuls les hindous de Bali ont le droit de pénétrer dans le temple. Des renforts en béton ont été coulés du côté sud pour lutter contre l'érosion.

Comme son nom l'indique, le temple de Tanah Lot est situé au point de rencontre de la Terre *(tanah)* et de la Mer *(lot)*. Il aurait été fondé par Dang Hyang Nirartha, le prêtre errant du 16e siècle qui voulut protéger Bali des épidémies causées par des forces destructrices issues de la mer. Littéralement « temple de la Mer et de la Terre », le sanctuaire est dédié à la fois à la déesse marine Batara Tengah Segara et aux dieux du mont Batukau *(p. 160)*. On peut se promener au pied du temple, à marée basse. Mais il faut veiller à ne pas déranger les serpents venimeux qui appartiennent à l'esprit protecteur du temple.

Aux alentours de Tanah Lot, temples et autels jalonnent la côte. Ils comprennent les temples de Pekendungan, de Jero Kandang, de Galuh et de Batu Bolong. Ce dernier, proche du temple de Tanah Lot au nord, et rarement visité par les étrangers, se trouve à la pointe d'un promontoire rocheux formant un pont naturel au-dessus de l'océan indien.

6

Kapal

E3 depuis Kediri et Denpasar Tabanan ; (0361) 811 602

Ici, vous trouverez des centaines de boutiques qui vendent des autels domestiques ainsi que des objets et statues, parfois très kitch, utilisés pour leur décoration. On y produit aussi des poteries.

Dans une rue latérale qui part près du marché se trouve le **temple de Sada** (Pura Sada), temple des origines de la dynastie de Mengwi. Endommagé par le tremblement de terre de 1917, il a été restauré dans les années 1950 sous la direction d'archéologues indonésiens,

↑ Le temple de Tanah Lot, isolé sur un rocher ; l'un de ses esprits gardiens *(médaillon)*

d'après une reconstitution de son aspect au 17e siècle. Il renferme un *meru* en pierre de onze étages élevé dans le style d'un *candi* javanais. Ce *prasada* haut de 16 m, un monument très rare à Bali, rappelle que les rois de Mengwi revendiquaient une ascendance mojopahit *(p. 54)*. Sa forme phallique affirme sa consécration à Shiva. Les images des huit seigneurs des points cardinaux ornent ses côtés. La triade des grands dieux hindous, Shiva, Vishnou et Brahma, figure à l'est. Sur la base de la tour apparaissent les sept prophètes de la cosmologie hindo-balinaise. Des têtes de l'esprit gardien Boma décorent le *candi bentar*.

Comme le portail lui-même, elles sont divisées en deux. De petits autels ornent la cour intérieure. Plusieurs légendes circulent à leur sujet. Selon l'une d'elles, ils rendraient hommage à l'équipage d'un bateau qui aurait fait naufrage en apportant à Bali l'effigie sacrée d'un roi mojopahit.

Temple de Sada

Banjar Pemebetan, près de Banjar Celuk, Kapal t.l.j.

7

Pejaten

D3 depuis Denpasar et Tanah Lot Tabanan ; (0361) 811 602

Avis aux amateurs d'artisanat et de marchandage ! L'activité traditionnelle du village est la fabrication de tuiles et d'objets en céramique, entre autres de figurines d'une charmante naïveté.

Situé à environ 3 km au nord-est de Pejaten, le village de Kediri, orné en son centre d'une statue blanche, est réputé pour son marché au bétail réputé et ses tissus colorés. La route qui rejoint, au sud, Tanah Lot traverse des paysages ruraux parmi les plus enchanteurs de Bali.

8

Krambitan

D3 depuis Tabanan Tabanan ; (0361) 811 602

La petite ville de Krambitan fut la capitale d'un royaume agraire jusqu'au début du 20e siècle. Ce conservatoire de la culture balinaise classique distille une atmosphère paisible avec son architecture ancienne.

Deux palais royaux du 17e siècle méritent une mention, le Puri Anyar et le Puri Agung Wisata. On peut visiter leurs beaux édifices et pavillons moyennant une donation. Des « soirées royales » y sont organisées, rythmées par des spectacles de danse et de gamelan *tektekan*. Dans cette forme d'orchestre, les *cenceng* (cymbales) se complètent d'instruments en bambou ou de cloches en bois.

À 6 km au sud de Krambitan, Klating Beach est une plage intacte de sable noir ; quelques *losmen* (pensions) sont situés à proximité.

IMMERSION DANS LA VIE DE PALAIS

Lorsque le domaine royal de Puri Anyar fut confisqué, en 1961, dans le cadre de la réforme agraire, la famille l'ouvrit au public, en organisant notamment des banquets pour les politiques, les ambassadeurs et célébrités en visite sur l'île. Si l'entrée est ouverte, vous pouvez visiter le vaste palais, rempli de pièces d'antiquités – avec peu de chance, en compagnie du prince en personne.

9 Tabanan

D3 depuis Denpasar Jalan Gunung Agung ; (0361) 811 602

Cette ville marchande animée abrite le **musée Subak** (Subak Museum), le seul de Bali dédié à l'agriculture. Il contient des maquettes du système d'irrigation balinais des *subak*, associations de riziculteurs dépendant d'une même source d'eau et des outils (entrée sur donation).

À environ 30 km à l'ouest de Tabanan, Surabrata (Balian Beach) est une ville charmante avec quelques hébergements simples. Une haute falaise surplombe un village de pêcheurs et une petite rivière dite « rivière Sacrée ». Les vagues se prêtent au surf.

Musée Subak
Jalan Gatot Subroto, Sanggulan t.l.j. 8h-16h30 (ven. 12h30) j. fériés museumsubak.business.site

10 Parc aux papillons de Bali

D3 Jalan Batukau, Sandan Wanasari (0831) 1935 6846 lun.-ven. 9h-16h (17h sam. et dim.)

Dans la régence de Tabanan, le jardin aux papillons de Bali (Taman Kupu-Kupu Bali) est la plus grande réserve du genre en Indonésie. Le ravissant parc de 3 000 m² permet de rencontrer des espèces de papillons rares et endémiques, plus particulièrement par temps sec, aux premières heures de la matinée, lorsque l'activité bat son plein.
Le parc est dédié à l'étude, à la reproduction et à la préservation des 15 espèces de papillons répertoriées en Indonésie, mais aussi d'autres insectes et d'arachnides – scarabées, araignées, scorpions. Outre des expositions didactiques, les visiteurs peuvent découvrir les différents stades de la métamorphose du papillon, de l'œuf à la chenille et à la chrysalide, d'où émerge l'adulte, qui s'envole lorsque ses ailes sont rigides et sèches. Parmi les espèces protégées figurent notamment Troides helena, Papilio peranthus et Ornithoptera paradisea.

11 Marga

E3 depuis Denpasar et Mengwi Tabanan ; (0361) 811 602

Le 20 novembre 1946, les troupes néerlandaises défirent à Marga un groupe de partisans de l'indépendance. À l'ouest du village, un monument commémore leur sacrifice. Un jardin contient leurs 95 tombes et celles de 1 372 héros de la lutte contre le pouvoir colonial à Bali dans les années 1940. Elles ne semblent ni chrétiennes, musulmanes et hindoues mais évoquent, par leur petite taille et leur silhouette de *meru*, des bâtiments sacrés de l'Empire javanais des Majapahit (*p. 54*).

La tour centrale, haute de 17 m, rappelle un *meru*, mais a été dessinée pour indiquer la date de la proclamation de l'indépendance : le 17 août 1945. Les quatre marches et les cinq petits piliers de la base correspondent à l'année (45), tandis que les huit étages du toit désignent le mois (8 pour août) et la hauteur de 17 m le jour. Une statue représente Gusti Ngurah Rai (*p. 57*), le commandant de la petite unité décimée en 1946.

12 Blayu

E3 depuis Denpasar et Kediri Tabanan ; (0361) 811 602

Le village pittoresque de Blayu, à l'instar de son voisin mambal, se dresse sur une route bordée de gracieux portails typiques de la région. La forêt de singes d'Alas Kedaton est toute proche. Le **temple d'Alas Kedaton** (Pura Alas Kedaton) abrite une statue du dieu hindou Ganesh.

Temple d'Alas Kedaton
t.l.j.

LA BATAILLE DE MARGA

En 1946, après la reddition des Japonais à la fin de la Seconde Guerre mondiale, les Pays-Bas voulurent reprendre le contrôle de leur empire colonial. À Bali, le 20 novembre 1946, les troupes néerlandaises prirent au piège un groupe de 94 nationalistes balinais conduits par le lieutenant-colonel Gusti Ngurah Rai. Fidèles à la tradition du *puputan*, les maquisards, bombardés de toute part refusèrent de se rendre. Le monument du Margarana évoque leur sacrifice.

Allée menant au temple dans la forêt aux singes de Sangeh ; macaque à longue queue *(médaillon)*

13 Sangeh

E3 depuis Denpasar
Tabanan ; (0361) 811 602

Le village de Sangeh s'est lancé dans le tourisme rural. Les habitants proposent aux visiteurs une promenade facile. Après une profusion d'arbres fruitiers et quelques fermes, on atteint le site de Tirta Taman Mumbul, où de gigantesques arbres entourent un lac vert émeraude, peuplé de grosses carpes koï. Un temple enchanteur, Pura Ulun Mumbul, semble flotter sur le lac, tandis qu'un énorme banyan protège une petite statue figurant une vieille femme qui porte une cruche d'eau. Selon la légende, elle se serait arrêtée là pour se reposer et, voyant que les plantes manquaient d'eau, elle les aurait arrosées ; l'eau aurait continué à couler de sa cruche, formant le lac que l'on voit aujourd'hui.

De l'autre côté de la route, l'eau de la source sacrée de Pancoran Solas se déverse dans un bassin par onze bouches rehaussées des statues de onze dieux hindous. Les Balinais y viennent pour des bains rituels. À proximité, le site de Pondok Jaka, une ancienne ferme, réunit des maisons traditionnelles au toit de chaume et aux murs de bambou, recouverts d'un mélange de boue et de balle de riz.

14 Forêt aux singes de Sangeh

E3 depuis Denpasar
t.l.j. 8h-16h Tabanan ; (0361) 811 602

S'il peuvent être observés dans de nombreuses gorges et montagne de Bali, cette forêt est l'un des meilleurs endroits de l'île pour les découvrir. Les macaques sacrés de Sangeh peuplent une forêt de palahlars (parfois confondus avec les muscadiers) pouvant atteindre 30 à 40 m de haut. Cette forêt abrite le petit **temple de Bukit Sari** (Pura Bukit Sari), fondé au 17e siècle et bien restauré. Un panneau le signale sur la route principale. Selon une légende inspirée du *Ramayana*, le prince Rama s'allia avec les rois des Singes Hanuman et Soubali pour vaincre le démon Ravana. La colonie de singes – de 700 macaques gris environ – doit être approchée avec précaution. Évitez d'être trop amical avec eux car la situation peut vite dégénérer. Ils n'hésiteront pas à grimper sur vous, et à n'en redescendre que si vous les nourrissez. Ces animaux de nature plutôt sociable et agréable peuvent paniquer et même mordre si l'on fait un geste brusque. S'ils vous chapardent lunettes ou appareil photo, appelez un *pawang* (gardien) pour qu'il récupère l'objet volé, en usant d'une banane comme monnaie d'échange.

Temple de Bukit Sari
Sangeh t.l.j. 7h30-18h

15

Yeh Panas

D3 Penatahan, près de Penebel (0361) 262 356 depuis Denpasar et Tabanan t.l.j. 6h-20h

Ces sources chaudes et sulfureuses situées sur la route qui mène au mont Batukaru depuis Tabanan ou Penebel, valent le détour. Elles alimentent désormais un Spa-hôtel – des panneaux indiquent les bains accessibles gratuitement. – et un temple.

Le village d'Angsri, près d'Apuan, possède lui aussi des sources chaudes. Elles coulent dans un agréable cadre naturel, dépourvu toutefois d'infrastructures modernes.

16

Mont Batukaru

D2 depuis Denpasar et Tabanan Tabanan ; (0361) 811 602

Aussi connue sous le nom de Batukau, cette montagne, la plus haute de l'île après le mont Agung, a les flancs couverts par les derniers vestiges de forêt pluviale existant à Bali. Elle est très révérée, car elle irrigue toute les terres du sud à l'ouest. Le temple Luhur Batukau (Pura Luhur Batukau), avec ses autels dédiés au seigneur de Gundung Batukaru et la déesse protectrice du lac Tamblingan *(p. 165)*, paraît comme blotti entre les hauts arbres. Un flot incessant de fidèles exécute des rituels et se procure de l'eau bénite auprès des prêtres. Le charme du lieu tient à la manière dont les constructions humaines s'inscrivent dans la nature. La jungle paraît sur le point d'engloutir les *meru* et les pavillons au toit de chaume sombre dont les tons noir et rouge tranchent sur le vert des feuillages et des buissons. Divinité principale vénérée ici : la déesse de la Croissance Sang Hyang Tumuwuh (qui fait croître les plantes).

À l'est du temple de Luhur Batukau, la route de Baturiti longe les rizières en terrasses de Jatiluwih. Dans les villages, les greniers à riz restent fréquents. Pacung, à la déviation pour Jatiluwih et Batukaru, possède aussi de superbes rizières.

17

Temple de Gangga

E3 sur une petite route vers Apuan et Baturiti *via* Perean Tabanan ; (0361) 811 602

Près de la route principale pour Bedugul, ce temple, dont le nom se réfère au Gange, se dresse sur les rives d'un petit cours d'eau. Le sanctuaire renferme un *meru* à sept étages qui possède un socle ouvert sur le devant de l'édifice. Les visiteurs ne sont pas autorisés à pénétrer dans l'enceinte, mais ils peuvent découvrir les bâtiments depuis l'extérieur.

Le saviez-vous ?

Le Pura Gangga doit son nom au Gange (Gangga), le fleuve sacré de l'Inde.

18

Perancak

B2 Negara ; (0365) 41 060

Le paisible village musulman de Perancak est peuplé de migrants venus de l'île de Madura. Il possède une mosquée coiffée d'un toit à étages, dans le style indonésien traditionnel, et une plage tranquille de sable noir. Les Madurais ont introduit dans la région leurs singuliers bateaux. À l'embouchure de la Perancak, à 10 km de Negara, vous rencontrerez une impressionnante flotte composée de gros bateaux en bois pontés à la longue proue,

portant le nom de *selerek*. Chacun arbore une décoration exubérante : sculptures bariolées d'inspiration hindoue et musulmane, nids-de-pies en forme de chariots ailés, drapeaux et fanions, perles et miroirs. D'autres embarcations du même type se trouvent dans le port voisin de Pengambengan, où la musique dangdut fuse sur les quais ; ce genre musical est issu d'un mélange pop d'éléments malais et d'apports occidentaux, teintés d'influences arabes et indiennes.

19

Negara

B2 depuis Denpasar et Gilimanuk Jalan Ngurah Rai ; (0365) 41 060

Loloan, sans doute le quartier le plus pittoresque de Negara, s'étend de part et d'autre de l'Ijo Gading, au sud du pont de la route Jalan Gatot Subroto. Fondé au 17e siècle par des immigrants bugis, il conserve quelques maisons traditionnelles sur pilotis. Les plus belles se trouvent au bout de la rue de Jalan Gunung Agung et dans la rue voisine de Jalan Puncak Jaya. Loloan possède plusieurs *pesantren* (internats islamiques).

La région de Negara est aussi réputée pour ses orchestres *jegog*, qui jouent sur d'immenses instruments de bambou. Elle doit aussi son renom aux courses de chars à buffles appelées *mekepung* – coutume originaire de Madura, à l'est de Java. Le style et l'élégance de l'attelage comptent beaucoup dans l'attribution des prix couronnant ces courses qui ont lieu chaque année en l'honneur du dieu des récoltes.

À 4 km à l'ouest de Negara, une petite route conduit, au bout de 8 km, à la plage paisible de Rening. Le cap Rening offre de splendides couchers de soleil sur les montagnes de l'est de Java. Une autre plage agréable, Candi Kusuma, se trouve à 13 km à l'ouest de Negara.

Il existe au nord deux villages chrétiens: Palasari (catholique) et Blimbingsari (protestant). Ils furent fondés en 1930, sur un terrain fourni par les Néerlandais à des Balinais convertis, exclus de leur communauté. Dans les deux villages, l'architecture des édifices religieux associe styles local balinais et nord-européen.

← Le mont Batukaru vu des rizières près de Pupuan

COURSES DE BUFFLES DE NEGARA

Chaque année entre juillet et novembre, des centaines de buffles s'affrontent sur des pistes aménagées au milieu des rizières. Parés de clochettes et de rubans de soie, les buffles sont attelés par deux à un char à deux roues peint de couleurs vives, sur lequel un jockey est perché dans un équilibre instable. Les attelages sont jugés sur leur élégance et leur vitesse.

↑ Le temple de Pura Rambut Siwi, près de la plage de Medewi

20

Plage de Medewi

C2 depuis Denpasar Negara ; (0365) 41 060

Les longues déferlantes qui viennent mourir sur la plage de Medewi peuvent atteindre 7 m de hauteur. Elles rendent la baignade dangereuse, mais sont très appréciées des surfeurs et semblent rester un peu à l'écart des foules. Le paysage dévoile sa beauté au coucher du soleil, quand les rochers mouillés éparpillés sur le sable noir reflètent la lueur du crépuscule sur fond de côte javanaise.

À 6 km à l'ouest de Medewi, le **temple de Rambut Siwi** (Pura Rambut Siwi) domine la mer depuis le sommet d'un petit promontoire. Une statue de la reine sorcière Rangda garde l'entrée qui fait face à l'océan. À l'intérieur s'élève un unique *meru* à trois étages. Il abrite une mèche offerte aux villageois par le prêtre errant du 16e siècle Dang Hyang Nirartha. Les habitants de la région édifièrent le temple en son honneur pour le remercier de les avoir sauvés d'une épidémie. Des grottes creusées dans la falaise renferment des sanctuaires. Donation demandée.

Temple de Rambut Siwi
6 km à l'O de Medewi t.l.j.

↑ Banc de chromis bleu-vert évoluant dans le récif au large de l'île de Menjangan

21 Gilimanuk

A1 depuis Denpasar et Singaraja depuis Ketapang, Java Negara ; (0365) 41 060

C'est de ce port que partent les bateaux à destination de Java. Sur les quais, des *warung* permettent de se restaurer en attendant un embarquement.

Le principal monument, l'arche double baptisée « porte de Bali », est à voir. Quatre dragons portent un trône divin et font face aux points cardinaux.

À Cekik, au sud de Gilimanuk, le **Musée archéologique** (Museum Purbakala) abrite des sarcophages et des outils de l'âge de la pierre mis au jour dans des sites funéraires de la région. Ce sont les plus anciennes traces d'occupation humaine retrouvées dans l'île. Cekik abrite aussi le siège du parc national de l'ouest de Bali *(p. 149)*, la réserve naturelle qui couvre une grande partie de l'ouest de l'île.

Musée archéologique

Jalan Raya (0365) 61 328 lun.-ven. 8h-18h

22 Makam Jayaprana

A1 Teluk Terima depuis Denpasar et Seririt Singaraja ; (0362) 25 141 t.l.j.

Le mausolée de Jayaprana est aussi un temple. Pour l'atteindre, il faut grimper un sentier à flanc de colline depuis la route, mais les marcheurs sont récompensés de leurs efforts par une vue qui s'étend jusqu'à Gilimanuk, l'île de Menjangan et le volcan Raung de Java. Le sanctuaire s'élève sur le lieu de sépulture de Jayaprana, héros du folklore balinais. Son épouse, Layonsari, était d'une telle beauté que le seigneur de Kalianget décida de se débarrasser du mari pour pouvoir la conquérir.
Il prétendit que des pirates bugis avaient débarqué à Gilimanuk et envoya Jayaprana à la tête d'un groupe de soldats pour les repousser. Mais ce fut leur chef que les hommes tuèrent en arrivant à destination. Layonsari résista aux avances du roi et se suicida pour rejoindre son bien-aimé dans la mort. Aujourd'hui, les fidèles se prosternent devant la tombe ornée de statues du couple, espérant l'amour.

23 Île de Menjangan

A1 pour Labuhan Lalang depuis Denpasar et Seririt depuis Labuhan Lalang Labuhan Lalang ; (0365) 61 060

Pour ceux qui rêvent de plonger avec masque et tuba ou bouteille, dans un décor de rêve ! Nommée d'après le cerf de Java *(menjangan)* qui la rejoint à la nage depuis le continent, l'île de Menjangan fait partie du parc national de l'ouest de Bali *(p. 149)*. L'île compte 8 spots de plongée, chacun avec sa propre vie marine. Le meilleur site est

Le saviez-vous ?

Pemuteran accueille le plus important projet de restauration de récif corallien au monde.

Mimpi Resort Menjangan
Dans la baie de Banyuwedang, luxueux complexe avec Spa, bassins d'eau chaude, chambres-terrasses et villas.

B1 Jalan Mimpi, Batuampar, Gerokgak mimpi.com/menjangan

RpRpRp

sans doute celui d'*Anchor Wreck*, où une ancre est incrustée dans le récif.

Labuhan Lalang, sur la baie de Teluk Terima, constitue le point d'accès le plus proche de l'île et comporte des hébergements sommaires. Les billets de bateau s'achètent auprès de l'Office des forêts de Bali. Les derniers bateaux partent à 11 h et reviennent à la tombée de la nuit.

24 Pemuteran

B1 Singaraja ; (0362) 25 141

Village de pêcheurs et station balnéaire offrant un large choix d'hébergements, Pemuteran possède de superbes récifs coralliens abritant une profusion de poissons tropicaux, d'excellents spots de plongée et de snorkelling ainsi qu'une pouponnière à tortues. C'est une étape idéale pour les visiteurs qui souhaitent se rendre à l'île de Menjangan ; on y loue des bateaux. Certains hôtels proposent des sorties matinales à la rencontre des dauphins.

Légèrement à l'ouest de Pemuteran, la petite baie de Banyuwedang (« sources chaudes » en balinais) cache de nombreuses sources aux vertus curatives qui se découvrent et se recouvrent au gré des marées.

À 5 km à l'est de Pemuteran, le **temple de Pulaki** (Pura Pulaki) se dresse au pied d'une falaise. Il est associé au prêtre shivaïte Dang Hyang Nirartha, qui aurait transformé les habitants du coin en *gamang* (fantômes). Le site est peuplé de macaques, parfois agressifs, considérés comme saints.

À 10 km à l'est de Pemuteran, l'**Atlas South Sea Pearl Farm**, ferme perlière, propose des visites avec démonstration de l'opération de greffe et récolte des perles. Elles sont exportées dans le monde entier pour fabriquer des bijoux.

Toujours à l'est de Pemuteran, à 13 km, le **domaine viticole de Hatten Wines** invite à la découverte des étapes de la production du vin, avant de déguster.

Temple de Pulaki
Banyu Poh t.l.j.

Atlas South Sea Pearl Farm
Penyabangan atlaspearls.com.au/pages/visit-a-pearl-farm

Domaine de Hatten Wines
Sanggalangit t.l.j. 9h-20h hattenwines.com

25 Pantai Gondol

B1 6 km à l'O de Gerokgak, à travers le champ près de the Fisheries Research Project (Perikanan) Singaraja ; (0362) 25 141

La plage de sable blanc de Gondol s'étend au pied d'un petit promontoire, le cap Gondol. La beauté de ses coraux en fait le spot idéal pour plonger avec masque et tuba dans un lieu paisible, peu fréquenté.

Pèlerins devant l'entrée du Pura Pulaki, temple hindou près de Pemuteran

26

Banjar

A D1 pour Seririt, puis par vos propres moyens
i Singaraja ; (0362) 25 141

S'étendant sur une plaine côtière avec les montagnes du nord de Bali en arrière-plan, Banjar est entrée dans l'histoire de l'île. Ce petit royaume semi-indépendant en 1871, dirigé par une famille de brahmanes, opposa une vive résistance aux Néerlandais. durant la « guerre de Banjar ». Cette dernière s'acheva par l'un des premiers *puputan* (suicide collectif) attestés de l'histoire de l'île.

Les brahmanes de Banjar sont réputés pour leur talent littéraire depuis qu'ils ont traduit en balinais, au 19e siècle, des textes classiques en javanais ancien.

Après s'être converti au bouddhisme theravada qui prévaut en Thaïlande, Bhikku Giri Rakhita fonda, en 1970, le **Brahma Vihara Ashrama**. Les visiteurs sont les bienvenus au monastère, mais les chambres sont réservées à ceux qui suivent les cours de méditation. De là, la vue sur une vallée voisine et le littoral est magnifique.

La **source chaude de Banjar** (Air Panas Banjar) attire les Balinais et les étrangers qui séjournent à Lovina (donation demandée). Trois bassins permettent de se baigner dans des eaux de diverses températures (le plus élevé est le plus chaud). Des têtes de dragons crachent une eau sulfureuse vert-jaune aux vertus curatives, notamment contre les maladies de peau.

À 10 km à l'intérieur des terres, le village bali aga isolé de Pedawa est peuplé par les descendants de Balinais qui refusèrent d'adopter la culture indo-javanaise après l'invasion de l'île en 1343. Les habitants de Pedawa entretiennent des traditions très anciennes et, encore récemment, ils ignoraient la triade des grands dieux hindous : Brahma, Vishnou et Shiva. De même, ils n'élèvent pas, derrière leurs maisons, plusieurs autels pour les dieux et les esprits des ancêtres, mais y dressent un unique sanctuaire en bambou.

Deux routes permettent de rejoindre Pedawa depuis Banjar et offrent, tout le long du trajet, une succession de paysages somptueux.

À 8 km de Bajar, le petit village de Sidatapa, l'un des plus vieux villages du nord de Bali (1er siècle) a conservé de jolies maisons traditionnelles en bambou.

Les brahmanes de Banjar sont réputés pour leur talent littéraire depuis qu'ils traduisirent en balinais, au 19e siècle, des textes classiques en javanais ancien.

Brahma Vihara Arama
entre Banjar et Pedawa t.l.j. 8h-18h
brahmaviharaarama.com

Source chaude de Banjar
jalan Banjar t.l.j. 8h-18h
banjarhotspring.co.id

Les bassins de la source chaude de Banjar ; bouche à tête de dragon *(médaillon)*

27

Munduk

A D2 🚌 depuis Singaraja et Seririt ℹ Singaraja ; (0362) 25 141

Près des lacs Tamblingan, Buyan et Bratan, Munduk est perché sur une crête au milieu des plantations de café, cacao, vanille, tabac et clous de girofle. Le village a conservé quelques bâtiments des années 1920 de style colonial. On peut y visiter l'atelier d'I Made Trip, le plus célèbre fabricant d'instruments de musique en bambou de Bali.

Munduk constitue une base idéale pour des promenades à vélo, une randonnée en montagne jusqu'à Pedawa, des flâneries à travers les rizières jusqu'à Uma Jero ou une excursion jusqu'aux lacs volcaniques voisins. La région recèle plusieurs cascades. La plus spectaculaire, haute de 30 m, se trouve à 1 km sur la route qui part vers l'est en direction de Bedugul. Girofliers et caféiers bordent le chemin qui y mène.

28

Pupuan

A D2 🚌 depuis Denpasar et Singaraja ℹ Tabanan ; (0361) 811 602

La région de Pupuan, au cœur de la partie la plus pluvieuse de Bali, jouit en altitude d'un climat frais. C'est un grand centre de production maraîchère. La route entre Seririt et Antosari traverse certains des plus beaux paysages de l'île et offre de larges panoramas sur la côte. Elle grimpe, *via* Busungbiu et Pupuan, jusqu'à un col à 790 m d'altitude, puis redescend en serpentant jusqu'à Blimbing et Barja, avant de longer des rizières en terrasses. Au sud-ouest de Pekutatan, la route traverse une région de plantations de café et passe sous les racines d'un grand arbre sacré.

À 12 km au sud de Pupuan, Blimbing offre une vue sur les rizières en terrasses et abrite le plus proche hébergement et un restaurant.

↑ Cueillette des hortensias dans les champs autour du lac Tamblingan

> NOTRE CONSEIL
> **Randonnées**
> Évitez la saison des pluies (oct.-avr.) : les chemins sont glissants autour du lac. En forêt, les sentiers sont étroits et la végétation peut atteindre 2 m de haut. La saison sèche est en revanche idéale.

29

Lac Tamblingan

A D2 🚌 depuis Bedugul ou Munduk

Une route panoramique suit la crête de la vaste caldeira du mont Catur, surplombant la rive septentrionale du lac Buyan et du lac Tamblingan. Les belvédères rustiques en bambou qui jalonnent le parcours ménagent de superbes points de vue. Les amoureux de la nature seront comblés par une randonnée dans la forêt pluviale ; on y accède par des marches en pierre, sur l'isthme qui sépare les deux lacs. La forêt résonne du chant des oiseaux – cratéropes, piverts, grives et malcohas. Des sentiers mènent à une clairière, à côté du lac Tamblingan, et au Pura Tahun, temple doté d'un *meru* à onze toits. Bateaux à moteur et sports nautiques sont interdits sur le lac, mais les pêcheurs proposent la traversée à bord d'un *pedau akit*, ou pirogue, pour rejoindre le petit village de Munduk Tamblingan et le Pura Gubug (temple des Agriculteurs), dédié à la déesse du lac.

↑ Une route passant entre les racines d'un bunutan géant, Pupuan

30

Lac Buyan

D2 depuis Singaraja
Singaraja ; (0362) 25 141

La route de montagne qui y conduit livre une belle vue sur le lac cerné d'une dense végétation. Les visiteurs peuvent louer une barque aux pêcheurs locaux et participer à des randonnées organisées jusqu'à Gensing, Munduk ou au mont Lesong.

31

Lac Bratan et Bedugul

E2 depuis Singaraja et Denpasar Tabanan ; (0361) 811 602

Bedugul s'étire sur la rive occidentale du lac Bratan, où les activité nautiques abondent. Le plan d'eau permet de pratiquer canotage, ski nautique ou parachute ascensionnel. Des guides organisent des excursions en montagne, sur le mont Pecak Manggu et le mont Catur. Un *meru* à onze étages domine le temple d'Ulun Danu Bratan (Pura Ulun Danu Bratan), fondé au 17e siècle et dédié à la déesse du lac, Dewi Danu. Un pont en bois le relie à un îlot voisin, où s'élève un stupa orné de bouddhas.

D'une superficie de 155 ha, le **Jardin botanique de Bali** (Kebun Raya Eka Karya) renferme une collection de 320 variétés d'orchidées, un jardin de fougères et des plantes utilisées en médecine traditionnelle.

Au nord du lac, le Bali Handara Kosaido Country Club possède un superbe golf de 18 trous *(www.handaragolfresort.com)*.

Jardin botanique de Bali
Kebun Raya, à l'O de Candi Kuning t.l.j.
krbali.lipi.go.id

32

Lovina

D1 Kalibukbuk ; (0362) 41 910

Le nom Lovina Beach désigne une bande côtière qui s'étend sur plusieurs kilomètres de Tukadmungga à l'est à Kaliasem à l'ouest. La station balnéaire qui se déploie au bord d'une longue plage de sable noir a gardé un charme empreint de nonchalance. Les pêcheurs proposent des sorties en mer à la rencontre des dauphins et il suffit d'un tuba pour découvrir des fonds marins magnifiques.

Jalan Binaria, rue menant à une statue de dauphins, est bordée par des agences touristiques. Du Temukust, on peut faire un trek jusqu'aux cacades de Sing Sing.

Le saviez-vous ?

On suppose que le nom Lovina dériverait de Lov et Ina, signifiant « Love Indonesia » ou « Love for the mother-land ».

33

Jagaraga

E1 depuis Singaraja
Singaraja ; (0362) 25 141

C'est à Jagaraga, en 1849, que les Néerlandais réussirent à venir à bout de Gusti Jelantik, Premier ministre de l'État de Buleleng, qui leur résistait depuis 1846. Le **temple des morts** (pura dalem) du village

→
La magnifique cascade de Gitgit, au milieu de la forêt pluviale

est réputé pour son exubérant décor sculpté (début du 20e siècle), qui évoque les relations avec les colons hollandais. Y figurent des cyclistes, un avion, des cerfs-volants, un poisson géant avalant une pirogue et un bandit masqué braquant un mousquet sur un colon assis dans une voiture.

À 4 km de Jagaraga, à Sangsit, le temple de Beji n'est pas en reste avec ses Garudas (oiseaux mythiques) sculptés en ronde-bosse et en bas-relief. Pura Dalem, le temple des morts voisin abrite des descriptions des supplices qui attendent, dans l'au-delà, ceux qui se conduisent mal.

Dans une région creusée de gorges, Sawan, à 4 km au sud de Jagaraga, s'enorgueillit de produire l'un des meilleurs riz de Bali. Sa musique et ses danses sont aussi réputées.

Air Sanih, à 12 km de Sangsit, est une station balnéaire qui tire son nom d'une source qui alimente une piscine idéale pour nager. On y trouve quelques restaurant et hébergements basiques.

Temple des morts
Jagaraga t.l.j.

34 Gitgit

D1 depuis Singaraja et Bedugul Singaraja ; (0362) 25 141

La plus belle cascade de Bali se jette de 45 m de haut dans un bassin enchâssé au sein d'une végétation luxuriante. Elle est séparée de la route par une distance de 400 m. Une autre chute d'eau, moins spectaculaire et moins fréquentée, se trouve 1 km plus haut sur la colline.

Au village musulman de Pegayaman, au nord de Gitgit, les habitants maintiennent une tradition javanaise. Il portent en procession un *tumpeng* (offrande en forme de montagne) pour l'anniversaire du Prophète.

35 Tejakula

F1 depuis Singaraja Singaraja ; (0362) 25 141

Réputé pour ses bijoux en argent et ses danses *wayang wong*, le vieux village de Tejakula mérite également une visite pour ses plages de sable noir et ses bosquets de cocotiers. La partie orientale de la régence de Buleleng est l'une des régions les plus préservées de Bali.

À proximité sont situés plusieurs villages bali aga. À l'ouest de Tejakula, dans la montagne, Sembiran a conservé ses rues pavées typiques et des vestiges mégalithiques. Il offre une belle vue sur la côte nord.

À 8 km à l'est de Tejakula, un agréable sentier le long d'une rivière conduit à la cascade de Yeh Mempeh (« l'eau qui vole »).

←
Le temple d'Ulun Danu Bratan, au bord du lac Bratan

Superbe récif corallien au large de Gili Meno

LOMBOK

Au nombre d'environ 3 millions, la population indigène des Sasak, qui forment la majorité de la population de Lombok, descendrait d'immigrants en provenance du Nord de l'Inde et du Myanmar. La minorité balinaise, 100 000 âmes environ, vit principalement proche de la côte ouest.

L'identité de Lombok est issue de deux influences majeures qui se sont exercées à partir du début du 14e siècle sur des coutumes animistes centrées sur le culte des ancêtres : l'islam, prêché par des Javanais, et la culture hindouiste de conquérants venus de Bali qui dominèrent l'île du 16e siècle jusqu'en 1890. En résulte la richesse des langues et dialectes de Lombok, de son artisanat, de ses danses et de sa musique.

L'île présente cependant plus d'intérêt pour la beauté de ses paysages que pour son héritage architectural. Ses nombreuses plages permettent de pratiquer des activités comme le surf, la planche à voile, la plongée et la pêche. À l'intérieur des terres, la chaîne volcanique dominée par le mont Rinjani offre de splendides itinéraires de randonnée. Cependant, tout comme Bali, Lombok se situe sur le terrible anneau de feu, et des tremblements de terre dévastateurs en juillet et août 2018 firent plus de 500 victimes et causèrent d'inestimables dégâts. Des milliers de touristes durent être évacués des îles Gili et du mont Rinjani.

LOMBOK

Incontournables

- ❶ Parc national du mont Rinjani
- ❷ Îles Gili
- ❸ Mataram

À voir également

- ❹ Lembar
- ❺ Narmada
- ❻ Senggigi
- ❼ Tanjung
- ❽ Segenter
- ❾ Sembalun
- ❿ Mosquée de Bayan Beleg
- ⓫ Sapit
- ⓬ Senaru
- ⓭ Labuhan Lombok
- ⓮ Pringgasela
- ⓯ Tetebatu
- ⓰ Rembitan et Sade
- ⓱ Gerupuk
- ⓲ Sukarara
- ⓳ Penujak
- ⓴ Kuta
- ㉑ Plage de Tanjung Aan
- ㉒ Plage de Mawun
- ㉓ Bangko Bangko
- ㉔ Selong Blanak
- ㉕ Tanjung Luar
- ㉖ Banyumulek
- ㉗ Îles Gili du sud-ouest

Océan Indien
LOMBOK
Mer de Bali
Gili Lawang
Gili Sulat
Sukadana
SEGENTER 8
Kayangan
MOSQUÉE DE BAYAN BELEQ 10
Putih
Beburung
Pedamekan
Dasansantong
Belanting
Cascade de Tiuteja
12 SENARU
Cascades de Sendanggile
Sajang
Bawaknaw
Lendangbatu
9 SEMBALUN
Gubukrempung
Gunung Senkereang Jaya 2 902 m
Danau Segara Anak
Maroak
Gunung Rinjani 3 726 m
TAMAN NASIONAL GUNUNG RINJANI 1
Gunung Nangi 2 330 m
Gubuktambak
Nasional Gunung Rinjani
Menangabaris
Pesugulan
11 SAPIT
13 LABUHAN LOMBOK
Otakgawar
Jeruk Manis Waterfall
Suwela
TETEBATU 15
Pringgabaya
LOMBOK
PRINGGASELA 14
Aikmel
Mantang
Loyok
Masbagik
Kopang
Montongbaan
Selong
Détroit d'Alas
Penden
Sakra
Praya
Gunungrajak
Labuhan Haji
Palung
Bendungan Batujat
Batunyale
19 PENUJAK
Beleka
Sepit
Orokorok
Ganti
25 TANJUNG LUAR
Aéroport international de Lombok
Mujur
Tangun
Sengkol
Pengembur
Pemokong
16 REMBITAN ET SADE
Batu Nampar
TANJUNG AAN
Baie d'Ekas
Pengorosdalam
Tanjung Ringgit
20 KUTA
21
17 GERUPUK
0 kilomètre 10
0 mile 10
N

1

PARC NATIONAL DU MONT RINJANI

C4 jusqu'à Anyar, puis *bemo* pour Senaru ; jusqu'à Aikmel, puis *bemo* pour Sembalu Mataram ; www.rinjaninationalpark.com

Le mont Rinjani domine les paysages de Lombok du haut de ses 3 726 m. Le grandiose volcan joue un rôle essentiel dans la religion et les traditions hindous et musulmanes sasak de l'île.

Le volcan et ses satellites forment le Taman Nasional Gunung Rinjani (parc national du mont Rinjani), qui draine les randonneurs confirmés et les amateurs de nature. Les villages de Senaru et de Sembalun constituent les principaux accès au parc. La vaste caldeira du mont Rinjani renferme le lac de cratère de Segara Anak, les sources chaudes d'Aik Kalak et le petit cône actif du mont Baru. Le deuxième volcan le plus haut d'Indonésie après le mont Kerinci (Sumatra) est sacré pour les hindous et les Sasak ; ils vont en pèlerinage jusqu'au lac ou au sommet et déposent des offrandes pour les dieux et les esprits.

↑ Le village de Sembalun, au pied du mont Rinjani et d'imposantes montagnes

NOTRE CONSEIL
Trekking

Un guide est obligatoire. Pour organiser un trek, le mieux est de s'adresser à une agence spécialisée à Mataram, Senggigi ou Senaru (les prix incluent le transport aller-retour). Comptez 2 jours pour un trek jusqu'au bord du cratère, trois ou quatre pour l'expédition longue et exigeante jusqu'au sommet, en privilégiant les mois de juin à août, les plus secs. Prévoyez des vêtements chauds ; il fait parfois très froid au bord du cratère et au sommet.

← Le loriot de Chine, au plumage jaune et noir, qui peut être repéré dans le parc

☆☆☆

Le mont Baru, au-dessus des eaux bleu-vert du lac Segara Anak ; ascension du mont Rinjani *(médaillon)* au départ de Sembalun

2

LES ÎLES GILI

A-B4 **depuis Senggigi et Mataram jusqu'à Bangsal**
depuis Bangsal ou le port de Benoa, Sanur et Amed à Bali
Mataram ; 0370 637 828

Au nord-ouest de Lombok, les trois petites îles Gili composent l'un des sites naturels les plus spectaculaires de l'archipel et attirent les visiteurs en grand nombre. Les eaux qui les baignent, limpides en toute saison, sont une aubaine pour les plongeurs qui peuvent y découvrir une riche diversité d'espèces tropicales.

Ces îles idylliques ont été « découvertes » dans les années 1980 par des routards qui sont tombés amoureux de leurs eaux cristallines et de leurs plages de sable blanc. Des bungalows équipés de groupes électrogènes sont rapidement apparus pour répondre aux besoins de voyageurs désireux de fuir le tourisme de masse. Les îles connaissent une popularité croissante depuis 2005, suite à la mise en service de la première liaison maritime directe et rapide avec Bali, qui diminue le temps de trajet de plus de la moitié. L'ouverture d'hôtels haut de gamme, de restaurants et de centres de plongée se poursuit désormais à un rythme accéléré.

Les séismes de juillet et août 2018 ont frappé violemment les îles Gili, causant des dommages qui ont porté un rude coup au tourisme. Mais les hôtels, restaurants et centres de plongée n'ont pas tardé à être reconstruits, et les îles accueillent de nouveau les visiteurs.

Les véhicules à moteur sont interdits sur les trois îles. On y circule en carriole à cheval (*cidomo*), à vélo – location à l'heure ou à la journée – et à pied.

↑ Poisson-clown à trois bandes au large des îles Gili

← La côte de Gili Air vue du ciel ; lever du soleil derrière le mont Rinjani vu de Gili Air *(médaillon)*

PANORAMA
Beauté marine

Plongez dans le port de Gili Air au coucher du soleil : vous aurez peut-être la chance de croiser le magnifique poisson-mandarin, aux couleurs ensorcelantes.

GILI AIR

La « petite île d'eau », la plus proche de Lombok, est aussi la plus facilement accessible des trois Gili. Si les bars y sont moins bruyants que sur Gili Trawangan, les distractions ne manquent pas. La côte orientale, qui fait face à Lombok et au mont Rinjani, est la plus aménagée. Les levers de soleil y sont spectaculaires, tandis que les couchers derrière le mont Agung peuvent être admirés depuis les côtes sud et ouest.

Les plus belles plages – étendues de sable blanc baignées d'eaux turquoise – se concentrent au sud et à l'est de l'île. Les sites de plongée y sont légion, un masque et un tuba suffisant généralement sur les plages situées à l'est et au nord-est. À l'ouest, le spot de Gili Air Wall est très prisé pour ses coraux jaunes et orange qui scintillent sous le soleil. On peut y observer le poisson-scorpion, des tortues et des milliers de poissons de verre. On peut même apercevoir de minuscules hippocampes pygmées cachés dans les coraux. Dans les eaux plus profondes évoluent de gros poissons comme le requin à pointe blanche. Le spot de Hahn's Reef est parfait pour les débutants. Lorsque la météo s'y prête, d'excellentes vagues sont propices au surf dans le sud de l'île.

↑ Maison en bois traditionnelle dans un village de Gili Air

GILI TRAWANGAN

La plus grande des trois Gili – on en fait le tour en 1 h 30 à 2 h – est aussi la plus éloignée de Lombok. Si sa réputation d'île des fêtards se justifie en partie, elle ne manque ni d'attractions ni d'infrastructures capables de satisfaire la demande de tous types de visiteurs. Malgré les enfilades de restaurants et de bars le long de certaines plages, on trouve encore des coins tranquilles pour étendre sa serviette sur le sable blanc, en particulier sur les côtes nord et ouest, tandis que les villages paisibles de l'intérieur livrent une image authentique de la vie rurale. Le luxe et le clinquant n'ont pas encore eu raison du charme décontracté, sinon bohème, de cette île.

Côté hébergement, les adresses bon marché voisinent avec les bungalows chics, hôtels, complexes et villas avec piscine privée. Nombre de ces établissements jouent la carte de l'élégance discrète ; il ont été construits avec des matériaux naturels de manière à se fondre dans l'environnement. Vous ne rencontrerez à Gili Trawangan ni bus touristiques ni chaînes de restauration rapide, mais des centres de plongée à foison, invitant à explorer les fantastiques fonds coralliens.

L'île offre un large choix d'activités, des séances dans de superbes Spa aux promenades à cheval ou au kayak de mer et même au cinéma : allongé par terre, on regarde les derniers films sortis dans ce qui serait la plus petite salle publique au monde. À deux pas du rivage, des sites sont propices au snorkelling – méfiez-vous cependant des courants, parfois forts, surtout entre l'île et Gili Meno. Plus loin, de vastes jardins de corail comptent parmi les meilleurs spots de plongée de Lombok, notamment Shark Point à l'est – refuge d'un nombre incroyable d'espèces tels le requin à pointe blanche, la tortue verte et la tortue imbriquée. Au sud-ouest de l'île, une colline dévoile de fabuleux spectacles : le soir, le coucher du soleil sur Bali ; le matin, le lever sur le mont Rinjani à Lombok.

↑ Barnum sur une plage de Gili Trawangan, paradis tropical

SECRET D'INITIÉ
Snorkelling

Masques, tubas et palmes se louent facilement. Mieux vaut porter des chaussures en plastique pour pénétrer dans l'eau et revenir à votre point de départ en marchant, si vous dérivez avec le courant. Des sorties snorkelling dans des bateaux à fond transparent sont proposées à Gili Trawangan. Peut-être apercevrez-vous des tortues vertes.

→ Randonnée à vélo dans une forêt de palmiers à Gili Meno, la plus petite des trois îles

LA FAUNE MARINE DES ÎLES GILI

Les plongeurs de tout niveau trouveront une grande variété de poissons de récif, parmi d'autres espèces. Pour voir des requins, le mieux est de participer à une sortie d'une journée au large des îles Gili. Le requin de récif n'attaque généralement pas l'homme. Les coraux sont superbes, malgré les dégâts causés ces dernières années par la pêche à l'explosif et les séismes. Vous pourrez admirer le poisson-clown à trois bandes, le poisson-perroquet et l'idole maure. La tortue verte et la tortue imbriquée, menacées d'extinction, fréquentent aussi les eaux des îles Gili.

GILI MENO

La plus petite des trois îles Gili, située entre les deux autres, est aussi la moins peuplée, avec quelques centaines d'habitants. Moins aménagée que ses voisines, elle est plus paisible. Ses paysages plats sont ponctués de plantations de cocotiers à l'intérieur, tandis qu'à l'ouest, un petit lac d'eau salée fournit une maigre récolte de sel à la population locale à la saison sèche. Pour les visiteurs, le yoga, le snorkelling et la plongée constituent les principales activités. Sur la côte ouest, le site de plongée de Gili Meno Wall abrite de gigantesques gorgones et une faune marine variée. Des tortues imbriquées et des tortues vertes évoluent dans les eaux de Gili Meno, notamment à l'extrémité nord-ouest, où les fonds recèlent des coraux d'un bleu étincelant. Pour le snorkelling, le meilleur spot est celui de Blue Coral Point, au nord-est, avec de nombreuses espèces de coraux abritant des poissons multicolores.
La nuit, les plongeurs peuvent repérer d'énormes murènes, les étonnantes danseuses espagnoles, de petites seiches et une diversité de crustacés. Dans la pouponnière à tortues, les bébés sont protégés dans des réservoirs jusqu'à ce qu'ils soient suffisamment robustes pour être relâchés dans la mer. Les visiteurs peuvent assister aux lâchers de tortues moyennant une donation.

3

MATARAM

B5 Sweta département de tourisme, art et culture, Jalan Singosari 2 ; (0370) 632 723 ou (0370) 634 800

La capitale de Lombok forme une longue zone urbaine constituée de trois agglomérations : Mataram, Ampenan et Cakranegara. À ses attraits participent ses parcs et ses avenues arborées, jalonnées d'édifices inspirés de l'architecture sasak traditionnelle.

Les vastes demeures aux murs blancs datent de l'ère coloniale. À l'ouest, Ampenan était le principal port de Lombok sous les Néerlandais. Ses rues sinueuses alignent boutiques et restaurants, certains bâtiments affichant un style Art déco. Le soir, marchands ambulants et *warung* proposent des plats savoureux et bon marché. Ampenan a conservé son quartier arabe typique. À l'est, Mataram, centre administratif de Lombok, accueille des administrations, des mosquées et une université. En continuant vers l'est, Cakranegara fut la résidence des rajas jusqu'au siècle dernier. Largement peuplée de Chinois et de Balinais, c'est aujourd'hui le principal pôle commerçant de l'île, avec ses magasins de bijoux, de textiles et de vêtements.

↑ Trois élégants sanctuaires à étages du temple de Meru (Pura Meru)

①

Musée Negeri Tenggara Barat

Jalan Panji Tilar Negara 6 (0370) 632 159 sam.-jeu. 8h-15h (11h le ven.) jours fériés

Ce musée propose une collection de bijoux, outils porcelaines, vaisselle, tissus sculptures sur bois, vannerie, bronzes, et peintures illustrant toute la richesse des cultures ethniques.

②

Pura Meru

Jalan Selaparang, Cakranegara t.l.j.

Avec ses trois *meru* symbolisant les dieux hindous Vishnou, Shiva et Brahma, ce temple est le plus vaste lieu de culte hindou de Lombok. Édifié au début du 18e siècle, il regroupe de nombreux sanctuaires dans une cour. Le *meru* à onze étages, au centre, est dédié à Shiva ; celui à neuf étages, à Vishnou ; celui à sept étages, à Brahma.

③

Palais d'eau de Mayura

Jalan Selaparang, Cakranegara (0370) 624 442 t.l.j.

Du palais d'eau construit en 1844 par les rois balinais de Lombok ne subsiste qu'un jardin agrémenté d'autels autour d'un lac artificiel. Le site inclut l'ancien temple de la famille royale.

Pasar Mandalika
Vous trouverez de tout dans ce grand marché : fruits, légumes, épices, vannerie, textiles et objets en bambou.

Jalan Ssandubaya 86, Bertais

Lombok Pottery Centre
Ce magasin propose un large choix de poteries artisanales.

Jalan Sriwijaya 111A, Mataram
lombokpotterycentre.wordpress.com

↑ Vue panoramique sur les toits de Mataram, dominés par la mosquée

④
Pura Lingsar

Près de Jalan Gora II
t.l.j. 7h-18h

À 6 km au nord-est de Mataram, dans le village de Lingsar, l'ensemble de temples éponyme a vu le jour en 1714 au milieu des rizières. Ce lieu de culte singulier comprend un sanctuaire pour les hindous balinais (Pura Gadah), un autre pour les adeptes du *wetu telu*, variante de l'islam spécifique à Lombok. Ce dernier est réputé pour son bassin couvert de nénuphars et rempli d'anguilles sacrées. On les fait sortir de leur cachette en leur offrant des œufs durs (un geste porte-bonheur) – en vente dans l'enceinte du temple. Celui-ci est accessible moyennant une donation.

LE *WETU TELU*

Mélange de croyances hindoues, islamiques et animistes, le *wetu telu* est la religion traditionnelle des Sasak de Lombok. Ce syncrétisme s'appuie sur une conception physique de la trinité : le Soleil, la Lune et les étoiles représentent le ciel, la Terre et l'eau ; la tête, le corps et les membres, la créativité, la sensibilité et la maîtrise. Les adeptes du wetu telu (« trois fois ») prient trois fois par jour au lieu de cinq pour les musulmans orthodoxes. Ils ne jeûnent pas pendant la totalité du ramadan et peuvent consommer de l'alcool.

À Lombok, le wetu lima (« cinq fois ») est une autre variante de l'islam, plus orthodoxe. Dans les années 1960, la dictature de Suharto a mis à mal les croyances indigènes telles que le *wetu telu* ; il perdure aujourd'hui principalement dans la région de Bayan, au nord de Lombok.

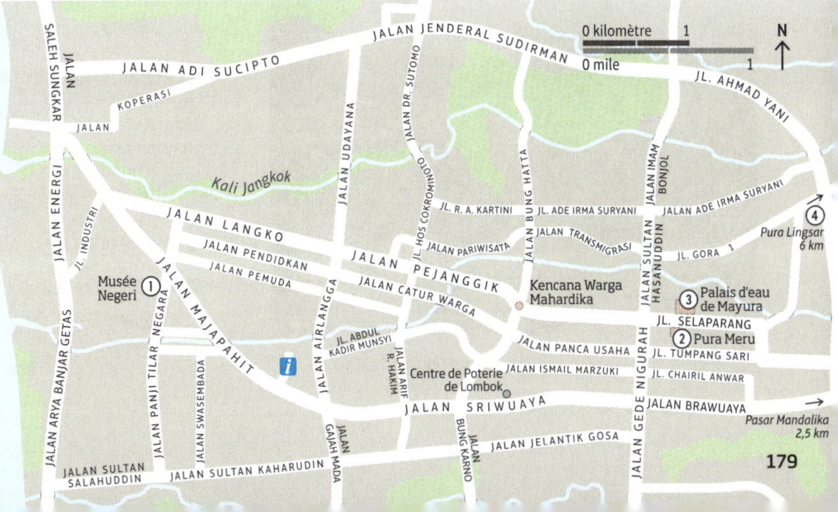

À VOIR ÉGALEMENT

4

Lembar

A5 depuis Padang Bai et le port de Benoa terminal des ferrys

Le principal port de Lombok jouit d'une situation protégée au fond d'une baie entourée de collines. Les vendeurs ambulants abondent autour du débarcadère, où accostent les ferrys en provenance de Bali. Les prix des places dans les bus et minibus surchargés desservant le reste de l'île donnent lieu à d'intenses marchandages. On trouve à Lembar un petit bureau d'information touristique, des téléphones publics et des échoppes proposant des plats préparés. De belles embarcations bugis assurent toujours une part du transport de marchandises.

À quelque 10 km au sud de Lembar, la route qui rejoint Sekotong offre des vues très étendues sur la baie et ses *bagan*, des plates-formes de pêche construites sur pilotis d'où les pêcheurs attirent les poissons avec des lamparos. Depuis Sekotong, on peut se faire transporter en canot à moteur jusqu'aux petites îles coralliennes Gili Gede et Gili Nanggu.

5

Narmada

B5 Mataram ; (0370) 632 723 ou 634 800 t.l.j.

Narmada a conservé le palais d'été qu'y fit construire, en 1805, le raja de Mataram. Dans les jardins en terrasses agrémentés de bassins à lotus s'étend un lac censé représenter celui qui occupe la caldeira du mont Rinjani. *wetu telu*. Un bassin contient des anguilles albinos.

6

Senggigi

A5 depuis Lembar et Mataram Mataram ; (0370) 632 723 ou 634 800

Avec ses plages de sable blanc bordées de cocotiers, Senggigi a connu son heure de gloire, mais les touristes lui préfèrent désormais les îles Gili. Sans avoir atteint le niveau de développement touristique de Kuta, à Bali, celle-ci offre néanmoins un large choix d'hébergements, de restaurants, d'activités nautiques et de sorties

Le temple de Miru, dans l'enceinte du palais de Narmada

Remajah Indah 2
Savourez d'exquis produits de la mer, notamment des crevettes aux épices et du crabe, dans ce restaurant sans chichis de Lembar.

A5 Jalan Raya Lembar Serumbung 8, Lembar (0819) 1721 0212

Rp Rp Rp

Square Restaurant
Ce restaurant gastronomique propose des spécialités locales tels les currys et satays ainsi que des plats occidentaux.

A5 Jalan Raya Senggigi km 8, Senggigi Square, Blok B-10, Senggigi squarelombok.com

Rp Rp Rp

Café Alberto
Ce restaurant chic sert des plats italiens et indonésiens préparés à la perfection dans un patio entre la piscine et la plage.

A5 Jalan Raya Senggigi, Batu Bolong cafealberto.com

Rp Rp Rp

Coucher de soleil sur la plage de Batu Bolong et le petit temple au sud de Senggigi ↑

nocturnes. La localité proprement dite ne borde que deux petites anses séparées par une pointe de corail blanc s'enfonçant dans l'océan. Mais Senggigi désigne aujourd'hui une bande de 6 km où restaurants et cafés se serrent le long de la route côtière. Les panoramas sur Bali sont époustouflants. Des eaux calmes permettent une baignade sûre, et les surfeurs débutants peuvent se risquer sur les vagues qui déferlent sur le récif. On y pratique également la planche à voile. Il suffit d'un masque et d'un tuba pour contempler, à quelques mètres du bord, une riche faune multicolore.

À 3 km au sud de Senggigi, le temple hindou de Batu Bolong se dresse sur un promontoire rocheux. Depuis le site, les couchers de soleil sont magnifiques.

Le village de Tajung est niché dans un paysage verdoyant où voisinent cocoteraies, rizières et jardins maraîchers.

❼

Tanjung

B4 depuis Mataram Mataram ; (0370) 632 723 ou 634 800

Ce gros village, niché dans un paysage verdoyant où voisinent cocoteraies, rizières et jardins maraîchers, borde la route qui rejoint au nord les contreforts du mont Rinjani. Ses habitants vivent principalement de la pêche et de l'agriculture. Il accueille, deux fois par semaine, un marché aux bestiaux. Dans les parties peu profondes de la rivière pousse du *kangkung*, plante aquatique rappelant le cresson, très populaire à Lombok.

En longeant, vers le nord, les plages de sable noir, le paysage devient plus aride. À 4 km de Tanjung, le petit village de Krakas est réputé pour sa source, qui jaillit à 400 m au large et à une profondeur d'environ 10 m. Au nord, juste après Gondang, on peut s'aventurer jusqu'à la cascade de Tiu Pupas et aux grottes voisines.

❽

Segenter

B4 depuis Mataram Mataram ; (0370) 632 723 ou 634 800 t.l.j. 9h-17h

Segenter est un village sasak typique avec ses habitations traditionnelles en bambou et roseau. Des berugak, c'est-à-dire des constructions ouvertes au toit de chaume et au plancher surélevé, se dressent entre celles-ci. C'est là que l'on reçoit habituellement les hôtes. En fin de matinée, on peut y voir de nombreux villageois y saluer les passants.

Une promenade dans le village permet de de découvrir de près la culture sasak. Ces derniers mènent une existence des plus simples, produisant l'essentiel de leur nourriture. Ils cultivent aussi du riz, du coton et du tabac qu'ils vendent au marché.

Le saviez-vous ?

Sembalun, village de tisserandes, est renommé pour ses magnifiques textiles.

9

Sembalun

C4 depuis Mataram et Tanjung Mataram ; (0370) 632 723 ou 634 800

Sembalun étend ses maisons basses en bois dans une vallée dominée par le mont Rinjani qui paraît presque à portée de main. Sembalun est le point de départ d'une voie menant au sommet du volcan, plus directe que l'itinéraire depuis Senaru. Cependant, peu de visiteurs l'empruntent, les possibilités d'hébergement étant limitées.

La sensation d'isolement et la fraîcheur de l'air – il fait froid la nuit – en font un lieu de séjour agréable. La campagne permet de belles promenades. Les échalotes poussent dans la région et leur odeur piquante, mais pas déplaisante, flotte dans l'air près des maisons.

La route au sud de Sapit passe par l'un des plus hauts cols d'Indonésie. Les vues sur la vallée de Sembalun sont superbes.

10

Mosquée Bayan Beleq

C4 Beleq, Karang Bajo, Bayan

Près du village de Beleq, cette ravissante mosquée, la plus ancienne de Lombok, a été fondée en 1634 par Syeh Gaus Abdul Razak. Le toit en fibres de palmier noires est couronné d'un élément en bois et les murs en bambou tressé sont montés sur une base en pierre. Les matériaux naturels doivent être renouvelés tous les six ans. Le toit inspiré d'un *meru* atteste l'influence hindo-javanaise qui a précédé l'islam. À côté de la mosquée reposent quelques-uns des premiers adeptes du *wetu telu*, variante syncrétique de l'islam propre aux Sasak. La mosquée ouvre trois fois par an à l'occasion de cérémonies ; pour la visiter, adressez-vous au gardien.

11

Sapit

C4 depuis Sweta Mataram ; (0370) 632 723 ou 634 800

Sapit se niche sur les contreforts orientaux du mont Rinjani, dans un écrin de plantations de tabac et de rizières en terrasses vert émeraude. À une altitude de 800 m, le village jouit d'un climat vivifiant et abrite quelques *losmen* bon marché et bien tenus. Jardins et parterres de fleurs lui donnent un aspect soigné et engageant. La vue sur l'est de Lombok porte jusqu'à l'île de Sumbawa.

12

Senaru

C4 depuis Sweta et Tanjung Mataram ; (0370) 632 723 ou 634 800

Au pied du mont Rinjani, à 400 m d'altitude, Senaru jouit d'un climat plus frais que le littoral. Le panorama est superbe avec l'océan à l'ouest et le volcan au sud.

Longtemps protégé du monde extérieur par son isolement, le village a conservé ses maisons traditionnelles, dont le toit de chaume repose sur des murs de bambou. C'est aujourd'hui une station de villégiature appréciée le week-end. Avec ses nombreux *losmen* et restaurants sans prétention, Senaru est aussi devenu le plus populaire des points de départ de randonnées et de trek en

→ La splendide cascade de Tiu Kelep, à proximité de Senaru

montagne. Y compris dans le parc national et jusqu'au sommet du mont Rinjani. Cette expédition de plusieurs jours exige une bonne forme physique. On peut engager des guides et des porteurs, louer du matériel de camping et acheter des produits de base, en particulier des provisions.

Une marche aisée d'une demi-heure conduit, à l'ouest de Senaru, à la spectaculaire cascade de Sendanggile. Haute de 40 m, elle offre l'occasion de se rafraîchir dans une eau qui est sans doute la plus pure de toute l'Indonésie. Un peu plus haut, à flanc de colline, une seconde cascade, Tiu Kelep, se jette dans un charmant bassin idéal pour la baignade.

Une autre promenade, depuis le centre de Senaru, mène à Payan. D'apparence mégalithique avec ses maisons au toit de chaume, c'est l'un des derniers villages *wetu telu* de l'île. Même si ses habitants commencent toutefois à exploiter leurs coutumes à des fins mercantiles, il mérite une visite. Le *wetu telu* est une variante de l'islam mêlant des croyances islamiques avec des éléments animistes et hindous. Les pratiques musulmanes observées à Payan intègrent des apports balinais et hindous. Les femmes portent des sarongs et des chemises noires pour tisser et pour participer aux cérémonies religieuses.

← Randonneurs dans le parc national du mont Rinjani, au départ de Sembalun

13

Labuhan Lombok

C5 depuis Mataram depuis Mataram et Sumbawa terminal des ferrys

La baie de Labuhan Lombok forme un port naturel, et la route parallèle à la côte, qui ménage de belles vues sur le mont Rinjani, longe des maisons sur pilotis bâties au bord de l'eau par des pêcheurs bugis. Leurs bateaux peints de couleurs vives flottent à côté. En ville, le dimanche, les étals du marché proposent des produits de toutes sortes. Mais la plupart des visiteurs viennent à Labuhan Lombok uniquement pour prendre un bateau vers l'île voisine de Sumbawa. L'embarcadère se trouve à 2 km du centre, au bout de la baie.

Rinjani Lodge Restaurant

Dans ce restaurant rustique, on profite de vues époustouflantes sur le mont Rinjani, assis à une table ou sur de confortables poufs. Parmi le choix de plats indonésiens et occidentaux, difficile de résister au *gado-gado* ou au poulet aux noix de cajou.

C4 Jalan Periwisata, Senaru
rinjanilodge.com/restaurant

Rp Rp Rp

14
Pringgasela

C5 depuis Sweta et Labuhan Lombok
Mataram ; (0370) 632 723 ou 634 800

Ce village de tisserands se niche dans les contreforts frais et paisibles du mont Rinjani. Les femmes les tissent assises à même le sol, sur des métiers inchangés depuis des siècles. Les tissus exposés devant les maisons créent un décor coloré. Les motifs et les couleurs, où le noir et le rouge dominent, sont typiques de Lombok.

Dans les collines au sud de Pringgasela, un autre village d'artisans, Loyok, est renommé pour sa vannerie et ses nattes en fibre de bambou. La route de Loyok suit un torrent qui traverse forêts et vallées.

15
Tetebatu

C5 depuis Mataram
Mataram ; (0370) 632 723 ou 634 800

Dans un cadre splendide au pied du mont Rinjani, le village de Telebatu jouit, à 550 m d'altitude, d'un climat très agréable qui en fait un bon endroit où se détendre quelques jours. Il abrite quelques *losmen*, mais on trouve aussi ces petits établissements à l'extérieur, au milieu des rizières. La campagne permet de faire de belles promenades.

L'une d'elles conduit à une petite rivière alimentée par la cascade de Jeruk Manis. Le parcours est accessible aux enfants de plus de 10 ans bons marcheurs. D'autres parcours mènent à des villages isolés et à une forêt tropicale peuplée de singes. De nombreux guides proposent leurs services.

16
Rembitan et Sade

B6 Mataram ; (0370) 632 723 ou 634 800

Ces deux villages agricoles sasak, situés à environ 3 km l'un de l'autre, sur un flanc de colline, attirent de nombreux visiteurs. Les constructions traditionnelles ont des toits de chaume et des murs en treillis de bambou ou de nervures de feuilles de palmier. Ils ont conservé des greniers à riz. Ces *lumbung* à la toiture en capuchon, jadis considérés comme un symbole de Lombok, sont désormais devenus plus rares. Les marchands de souvenirs abondent, mais Rembitan et de Sade promettent un séjour parfait pour découvrir le mode de vie des Sasak, basé sur la culture du riz et l'élevage.

17
Gerupuk

B6 Mataram ; (0370) 632 723 ou 634 800

Le village de Gerupuk borde une baie très étendue. Ses habitants vivent dans de simples huttes, campées

Gerupuk est l'un des meilleurs spots de surf de Lombok (...) La houle venue de l'océan Indien s'y brise au large sur une barrière de corail.

LES TISSUS DE LOMBOK

Les Sasak continuent de tisser, sur des métiers traditionnels, des étoffes de grande qualité. Des villages tels que Sukarara, Pringgasela, Rembitan et Sade se sont spécialisés dans cette activité. Il existe une production moins artisanale autour de Mataram. Les villageois laissent les visiteurs assister à tout le processus de fabrication. Celui-ci commence par la décoction d'écorces et de racines pour obtenir les teintures naturelles. Le jaune est ainsi tiré de la racine du curcuma et le bleu de l'indigotier. La technique de l'*ikat* consiste à effectuer sur le fil de chaîne une teinture avec réserve, de manière à obtenir plusieurs couleurs qui détermineront les motifs. Les bains durent 24 h. Les métiers restent extrêmement rustiques. Les femmes assurent la tension des fils avec une tige de bois passée derrière leurs reins.

autour d'une mosquée centrale. Ils continuent de vivre en partie de la pêche et de la culture d'algues utilisées dans l'alimentation des animaux d'élevage. Celles-ci poussent sur des cages en bambou à demi submergées devant la plage. Après la récolte, on les fait sécher le long de la route.

Gerupuk jouit d'un renom qui dépasse les frontières indonésiennes, car c'est l'un des meilleurs spots de surf de Lombok. La houle venue de l'océan Indien se brise au large sur une barrière de corail, et les surfeurs doivent louer une petite barque, qui les attendra un peu à l'écart, pour franchir la courte distance jusqu'aux vagues. Le trajet offre une vue saisissante sur les falaises et les rochers escarpés qui jalonnent le littoral.

Les déferlantes de Gerupuk se brisent sur un récif assez profond, moins dangereux toutefois que le corail proche de la surface de Maui, près de Selong Blanak à l'ouest. La plupart des vagues déroulent vers la droite. Les vagues de gauche sont moins régulières. La glisse reste bonne toute la journée, mais c'est au petit matin, avant que le vent ne se lève, en général vers 9 h, que les conditions sont les meilleures. Ce spot attire des surfeurs venant des quatre coins de la planète, et l'ambiance qui y règne est pour le moins internationale.

←

Luxuriantes rizières parsemées de cocotiers dans le village de Tetebatu

18

Sukarara

B5 depuis Sweta
Mataram ; (0370) 632 723 ou 634 800

Ce village de tisserandes est reputé pour ses *songket* *(p. 136)*. Les boutiques proposent un large choix de tissus variés. Selon la coutume, les femmes travaillent sur le pas de leur porte et acceptent de poser pour les photographes.

19

Penujak

B5 depuis Sweta
Mataram ; (0370) 632 723 ou 634 800

Avec Banyumulek *(p. 189)* et Masbagik, c'est l'un des principaux villages de potiers de Lombok. C'est sans doute aussi le meilleur endroit pour observer les étapes de fabrication. Les femmes façonnaient les pièces et les hommes les vendaient. La hausse de la demande les a conduits à aider leurs compagnes. Chaque village possède sa propre décoration, mais tous abritent des points de vente proposant des pièces des trois styles.

↑ Villageoise façonnant un pot traditionnel à Penujak

Horizon at Ashtari
Sur une colline, l'une des meilleures adresses de Lombok propose spécialités locales et plats méditerranéens avec vue sur la mer et les forêts.

B6 Jalan Mawun Prabu, Kuta

Rp Rp Rp

KRNK
Dans ce lieu offrant des hamburgers juteux, ses délicieux cocktails, ses pizzas garnies de fromage et sa musique, les repas se transforment souvent en festins bruyants.

B6 Jalan Raya Kuta 5a, Kuta
krnk-lombok.com

Rp Rp Rp

Warung Flora
Dans un pavillon ouvert, cette adresse familiale chaleureuse, concocte de succulents plats de poisson et autres spécialités locales.

B6 Jalan Pariwisata Pantai Kuta, Kuta
(0878) 6530 0009

Rp Rp Rp

Bush Radio
Occupant un ancien entrepôt, ce bistro au style industriel chic sert du pain au levain fait maison, des salades et pizzas exquises, des smoothies et des jus de fruits pressés.

B6 Jalan Raya Kuta, Kuta (0823) 3987 4778

Rp Rp Rp

20

Kuta

B6 depuis Sweta
Mataram ; (0370) 632 723 ou 634 800

À l'origine, le Kuta de Lombok était principalement connu des surfeurs ; la rencontre des eaux calmes qui baignent l'île et des courants puissants de l'océan Indien génère en effet des vagues réputées parmi les meilleures au monde.

En 2011, l'inauguration de l'aéroport international de Praya a ouvert la voie au développement touristique, et la station balnéaire offre aujourd'hui un large choix d'hébergements et de restaurants le long de sa plage de sable blanc. C'est une base idéale pour explorer les falaises, promontoires et plages de la côte accidentée du sud de l'île avec, en toile de fond, des collines parsemées de plantations de tabac.

La baie s'étire sur 7 km de long jusqu'à la magnifique plage de Putri Nyale, nichée au pied d'un rocher de calcaire, le long d'un lagon aux eaux limpides. L'endroit est célèbre pour la légende sasak de la princesse Mandalika. Six princes rivaux avaient jeté leur dévolu sur la ravissante jeune fille, chacun menaçant d'attaquer le royaume de son père s'il refusait sa demande en mariage. Une nuit de pleine lune, en signe d'allégeance à son père et pour le bien-être de son peuple, la princesse se jeta du haut d'une falaise dans la mer, à l'est de la plage, se sacrifiant pour échapper à ses prétendants. En touchant l'eau, son corps se transforma en une multitude de vers marins colorés – un événement que célèbre chaque année la fête de Bau Nyale.

21

Plage de Tanjung Aan

B6 8 km à l'E de Kuta

La plage ensorcelante de Tanjung Aan, au sable d'une incroyable finesse, est connue pour ses vagues propices au surf. La marée basse y découvre des bassins d'eau turquoise. Tanjung Aan se

La plage sublime de Tanjung Aan, au sud de Lombok, inondée de soleil ↑

déploie en deux étendues de sable séparées par un petit promontoire : Aan à l'ouest, Pedau à l'est. Ses eaux calmes sont parfaites pour la baignade et le snorkelling, mis à part lorsque des courants forts balaient Pedau. Sur la plage, des cafés offrent tables et transats.

Il faut grimper sur la colline de Bukit Meresek, à l'ouest de la baie, pour le spectacle du soleil couchant. À l'est, sur la plage de Batu Payung, une étrange formation rocheuse interpelle le regard.

↑ Pêcheur démêlant son filet sur la paisible plage de Mawun

22

Plage de Mawun

B6 10 km à l'O de Kuta

La plage isolée de Mawun, l'une des plus belles du sud de Lombok, est empreinte d'une sérénité qui vaut largement le trajet éprouvant sur une route défoncée pour y accéder. Son étendue de sable blanc se love au fond d'une baie en arc de cercle, comprise entre deux promontoires imposants, où les eaux turquoise et calmes invitent à la baignade. Par grosse houle, en revanche, de splendides droites et gauches tubulaires font le bonheur des surfeurs. De grands arbres apportent un peu d'ombre sur la plage et quelques *warung* servent des spécialités locales ; des transats et des parasols sont également à louer.

FÊTE DE BAU NYALE

Chaque année, en février ou mars, lors de la pleine lune, des milliers de *nyale* - vers marins - viennent pondre leurs œufs sur la plage de Putri Nyale. Ces animaux rares sont très prisés pour leur chair délicate. Les Sasak se rassemblent alors par centaines sur la plage pour une nuit festive durant laquelle les vers sont consommés grillés, frits ou même crus.

23

Bangko Bangko

A5 depuis Lembar
Mataram ; (0370) 632 723 ou 634 800

Au bout de la péninsule qui forme la pointe sud-ouest de Lombok, ce village campé au bout d'une piste difficile est un paradis pour surfeurs et pêcheurs. Un paysage magnifique récompense les efforts qui permettent d'atteindre ce site excentré.

Des surfeurs ont surnommé l'endroit Desert Point. Les vagues qui déroulent à gauche sur une barrière de corail et déferlent au pied d'une falaise leur procurent des sensations intenses. Des agences de Lembar proposent des expéditions de pêche sur le site.

24

Selong Blanak

B6 Mataram ; (0370) 632 723 ou 634 800

Une longue baie fermée des deux côtés par des promontoires rocheux abrite un petit village de pêcheurs

POINT PHOTO
Vues de la côte
Du haut de la colline de Sempiak, qui surplombe la plage de Selong Blanak, des panoramas époustouflants sur la merveilleuse côte s'offrent au regard.

dont les pirogues à balancier créent des taches de couleur vive sur le sable blanc. On y trouve aussi de nombreux petits cafés, des stands de souvenirs, des agences de location de planches de surf et des vendeurs de glaces. En fin d'après-midi, il est possible de voir sur la plage un gros troupeau de buffles d'eau conduits par des Sasaks qui les mènent d'un pâturage à un autre.

Offrant hébergements et restaurants, Selong Blanak accueille des surfeurs venus affronter les rouleaux de Maui, la plage voisine. Très rapides, les vagues imposent de se lancer au-dessus d'un récif peu profond et sont le domaine des surfeurs confirmés.

25

Tanjung Luar

C5 Mataram ; (0370) 632 723 ou 634 800

Tanjung Luar tire sa subsistance de la mer. C'est un petit port où débarquent les habitants d'autres îles venus sur des pirogues, qui assurent un service de taxis. Ils se déplacent souvent pour le marché, très fréquenté, ou pour acheter le poisson que les pêcheurs, de retour de plusieurs jours au large, vendent en plein air au bord de la plage. Leurs prises comprennent espadons, daurades et, parfois, requins. Marchandages et plaisanteries animent l'atmosphère. Des enfants s'initient à la pêche, tandis qu'ici ou là on redonne des couleurs à une coque.

Un peu plus loin s'élèvent, au bord de l'eau, les maisons sur pilotis d'une communauté de Bugis. Leurs bateaux se reconnaissent à leur haute étrave caractéristique.

Les petites voitures à cheval, appelées *cidomo*, ne sont pas un mode de transport pittoresque destiné aux visiteurs, mais l'unique

↑ Vente de poisson frais au marché quotidien de Tanjung Luar

Bateau de pêcheur mouillant devant Gili Asahan, illuminé par le soleil couchant ↑

Le saviez-vous ?

Les Gili du sud-ouest regroupent une bonne douzaine de petites îles paradisiaques.

moyen de déplacement pour les nombreux habitants de cette région isolée.

26 Banyumulek

A B5 🚌 depuis Mataram i Mataram ; (0370) 632 723 ou 634 800

Ce village classique, avec ses maisons en bois à toit de chaume, est l'un des grands sites potiers de l'île. Ce sont traditionnellement les femmes qui façonnent les poteries, et les visiteurs peuvent les voir réaliser patiemment des récipients de tailles variées.

À 3 km à l'ouest de Banyumulek, le mont Pengsong est facile d'accès. Son ascension mène à un temple qui offre un large panorama. Par temps clair, la vue porte jusqu'au mont Agung de Bali d'un côté et jusqu'au mont Rinjani de Lombok de l'autre. Au pied de la colline, la plaine de Mataram s'étire jusqu'à la mer.

27 Îles Gili du sud-ouest

A A5 ⛴ de Tembowong, Senggigi ou Lembar

Au nord de la pointe sud-ouest de Lombok, les « secrètes Gili » regroupent deux petits archipels. Gili Nanggu, Gili Genting et Gili Tangkong sont proches de Lembar, tandis que Gili Gede, Gili Asahan et Gili Poh sont plus à l'ouest, face à Pelangan.

Si certaines de ces îles sont faiblement peuplées, d'autres ne sont guère plus que des îlots rocheux. Toutes offrent un environnement naturel encore bien préservé, avec des plages paradisiaques de sable blanc, parsemées de palmiers, de cauris et de crabes fantômes, et une profusion de coraux.

Les îles Gili offrent un environnement naturel encore bien préservé, avec des plages paradisiaques de sable blanc, et une profusion de coraux.

Face à la péninsule de Sekotong, la plus grande et la plus connue, Gili Gede (*gede* signifie « grand » en sasak), propose le plus large éventail d'hébergements, notamment des hôtels avec bungalows et des *losmen*. Les véhicules à moteur sont inexistants sur cette île où les villageois travaillent activement dans la pêche et l'élevage des perles de culture.

Tranquille à souhait, Gili Nanggu est idéale pour la plongée, le snorkelling ou la détente. Elle ne compte que quelques bungalows simples sur la plage et un restaurant. Gili Asahan a pour atouts un eco-resort, plusieurs hôtels avec bungalows sur la plage, quelques restaurants et d'excellents spots de plongée tels que Secret Garden, Sanking Point et Belongan.

Un bateau rapide assure une liaison quotidienne entre Bali et Gili Gede. Les autres Gili du sud-ouest sont desservies depuis le port de Tembowong, Senggigi et Lembar à Lombok.

MODE D'EMPLOI

Restaurants de rue sous la pluie, Kuta, Bali

Paradise Bali Tours
DK 35

AVANT DE PARTIR

Il est essentiel de bien préparer votre voyage pour qu'il soit réussi. Parez à toute éventualité en tenant compte des points suivants avant le départ.

EN UN COUP D'ŒIL

MONNAIE

Roupie indonésienne (Rp)
1 € = 16 800 Rp env.

BUDGET MOYEN PAR JOUR

PETIT	MOYEN	ÉLEVÉ
590 000 Rp	1 170 000 Rp	3 650 000 Rp
35 $	70€	220€

BOUTEILLE D'EAU	CAFÉ	BIÈRE	DÎNER POUR 2
10 000 Rp	30 000 Rp	30 000 Rp	700 000 Rp
0,60€	1,80€	1,80€	42€

QUELQUES MOTS UTILES

Bonjour	Selamat pagi
Au revoir	Selamat tinggal
Excusez-moi	Permisi
Merci	Terima kasih
Je ne comprends pas	Saya tidak mengerti
S'il vous plaît	Silahkan

ÉLECTRICITÉ

Le courant est de 220 V, mais le 110 V est encore parfois utilisé. Les prises sont identiques à celles en usage en Europe. Un adaptateur/transformateur peut être utile.

Information touristique

Vous trouverez des renseignements utiles et détaillés pour préparer votre voyage sur les sites de l'**Office du Tourisme de l'Indonésie** et le **Lombok Indonesia Tourism**.
W indonesie-tourisme.fr/
W lombokindonesia.org/

Formalités & Sécurité

Les voyageurs de l'U.E., de la Suisse et du Canada ont besoin d'un passeport valide 6 mois après la date d'arrivée, celui-ci doit être en bon état et comporter au moins 2 pages vierges.
Les ressortissants de ces pays sont exemptes de visa pour tout séjour de moins de 30 jours (à justifier avec le billet retour), au-delà un visa touristique est nécessaire (max. 60 jours).

La réglementation étant susceptible de changer à tout moment, il est préférable de se renseigner avant de partir.

Les voyageurs peuvent obtenir les dernières informations relatives à la sécurité auprès des sites officiels de leur pays respectif.
France W diplomatie.gouv.fr/fr/
Belgique W diplomatie.belgium.be/fr
Suisse W eda.admin.ch/eda/fr/dfae.html
Canada W voyage.gc.ca/

Douane

Toute personne se présentant à l'entrée ou à la sortie de Bali ou de Lombok avec 100 millions de roupies (6 800 $) ou davantage doit déclarer cette somme à la douane.

Santé

Aucun vaccin spécifique n'est obligatoire, mais assurez-vous d'être à jour dans vos vaccinations habituelles et demandez conseil à votre médecin avant de partir.

Les vaccinations Diphtérie-tétanos-poliomyélite (DTP) et Antituberculeuse sont souhaitables, et celles contre la fièvre typhoïde et les hépatites A et B peuvent être recommandées en fonction des conditions de voyage.

Des cas de dengue ont été signalés à Bali et à Lombok. Il n'y a pas de risque de paludisme à Bali, mais prévoiyez un traitement si vous séjournez en milieu rural à Lombok.

Afin de faire face aux frais d'hospitalisation et aux dépenses de santé, parfois très élevés à l'étranger, il est important de disposer d'un contrat d'assistance ou d'une assurance permettant de couvrir tous les frais médicaux et de rapatriement sanitaire.

Hébergement

Bali, Lombok et les îles Gili offrent un large choix d'hébergements : des guesthouses (souvent appelés *losmen*) pour les petits budgets, de belles villas idéales pour les grandes tribus et des hôtels de charme et de luxe de style balinais.

Le rapport qualité/prix est en général excellent, quel que soit votre budget.

La réservation en ligne est disponible pour la quasi-totalité des hébergements des villes principales.

Pour les zones reculées, comme les petites îles, la réservation en ligne n'est pas toujours fiable ; mieux vaut vérifier par téléphone. En haute saison (juillet-août) et pendant les vacances de Noël, les tarifs augmentent et une réservation s'impose longtemps à l'avance.

Voyageurs aux besoins spécifiques

Comme un peu partout en Asie, les équipements à l'intention des personnes à mobilité réduite sont largement insuffisants. Les rampes d'accès pour les fauteuils roulants sont très rares, les trottoirs sont hauts et beaucoup de places publiques sont accessibles uniquement par des marches. Néanmoins, les hôtels et villas de luxe s'adaptent de plus en plus aux besoins des personnes handicapées, et certains voyagistes comme **Bali Access Travel** et **Adaptours** proposent des séjours adaptés.

Bali Access Travel W baliaccesstravel.com/
Adaptours W adaptours.fr/

Argent

Bali et Lombok ont pour monnaie nationale la roupie (Rp). Les cartes de paiement sont largement acceptées et les distributeurs automatiques de billets sont très répandus. Prévoyez de la monnaie pour les cafés, les taxis et les petits commerces.

Nous vous conseillons de bien vérifier le taux de change de la monnaie ainsi que les frais proposés par les banques et les bureaux de change.

Langue

De nombreux dialectes sont parlés en Indonésie, mais la langue officielle est le Bahasa indonesia (indonésien) ; à Bali le balinais reste très utilisé. On parle l'anglais couramment dans les villes et les zones touristiques.

Horaires

Les entreprises sont ouvertes du lundi au vendredi.

À Lombok et Gili, majoritairement de confession musulmane, le vendredi est fermé pour les prières à la mosquée.

Pendant les jours fériés, la plupart des commerces restent ouverts.

JOURS FÉRIÉS

1er janv.	Nouvel An
janv.-fév.	Nouvel An Chinois
mars	Nyepi, Nouvel An Balinais
mars	Isra Miraj, fête musulmane
avr.-mai	Waisak (fête du Bouddha)
1er mai	Fête du Travail
mai	Idul Fitri ou Lebaran (rupture du jeûne du ramadan)
1er juin	Journée du Pancasila
12 août	Idul Adha (fête de l'Aïd al-Kabir)
17 août	Fête de l'Indépendance
juil.-août	Nouvel An musulman
oct.-nov.	Anniversaire de Mahomet
25 déc.	Noël

TRANSPORTS À BALI ET LOMBOK

Que ce soit pour un bref séjour ou pour un long périple, ces conseils vous permettront de planifier au mieux vos déplacements.

EN UN COUP D'ŒIL

PRIX DES TRANSPORTS

KUTA - UBUD
250 000 Rp
Taxi avec compteur

KUTA - UBUD
60 000 Rp
Bus

KUTA - UBUD
300 000 Rp
Voiture avec chauffeur

N.B. : les temps de trajet varient beaucoup en fonction de la circulation

LIMITATIONS DE VITESSE

AUTOROUTES	VOIES RAPIDES	ROUTES PRINCIPALES	AGGLOMÉRATIONS
100 km/h	80 km/h	60 km/h	40 km/h

Voyager en avion

Le seul aéroport de Bali, baptisé Ngurah-Rai, est situé à 13 km au sud de Denpasar. Il est également connu sous le nom de Denpasar International Airport, et il est très bien desservi par les compagnies comme **Singapore Airlines, Turkish Airlines, Cathay Pacific** depuis l'Europe. **Qatar Airways** propose également des vols au départ de Bruxelles, Genève, Montréal et Paris avec une escale à Doha. Comptez en moyenne 20h00 de voyage avec au minimum une escale.

Pour aller à Lombok, l'aéroport de Zainuddin Abdul Madjid International, près de Mataram, accueille les vols en provenance des autres régions d'Indonésie. L'avion au départ de Bali est le moyen le plus facile et le plus rapide pour rejoindre l'île. Comptez environ 25 minutes de vol.

La compagnie **Garuda Indonesia** assure de nombreuses liaisons depuis les autres îles de l'archipel vers Bali et Lombok.

Pour rejoindre votre lieu de séjour, les taxis sont la seule solution si vous n'avez pas réservé votre transfert.

Privilégiez des taxis avec compteur comme la compagnie Blue Bird Taxi.

Singapore Airlines W singaporeair.com
Turkish Airlines W turkishairlines.com
Cathay Pacific W cathaypacific.com
Qatar Airway W qatarairways.com
Garuda Indonesia W garuda-indonesia.com

Naviguer en bateau

Ferry et bateaux rapides

Si les îles de Bali et Lombok sont proches l'une de l'autre, les eaux qui les séparent sont parfois très agitées. Le ferry public est le moyen le meilleur marché et le plus régulier pour la traversée du détroit de Lombok, mais privilégiez les bateaux plus rapides pour davantage de confort et de ponctualité. La traversée dure environ trois heures contre 4/5 heures en ferry. Des départs ont lieu de Padang Bai (Est de Bali) ou de Serangan/Benoa Harbor (Sud) en direction des ports de Lombok : Bangsal/Teluk Kode, Lembar et Senggigi.

LIAISONS AÉROPORTS / VILLES

Aéroport	Destination	Prix du taxi	Durée du trajet
Bali	Kuta	120 000 Rp	15 min
	Seminyak	150 000 Rp	25 min
	Sanur	175 000 Rp	25 min
	Canggu	300 000 Rp	40 min
	Ubud	350 000 Rp	60 min
	Candi Dasa	450 000 Rp	1 h 40 min
	Lovina	600 000 Rp	1 h 50 min
	Amed	800 000 Rp	2 h 50 min
Lombok	Senggigi	220 000 Rp	1 h 20 min
	Mataram	160 000 Rp	50 min
	Kuta	90 000 Rp	30 min
	Bangsal Harbour	350 000 Rp	1 h 30 min

PRÉVOIR SON ITINÉRAIRE

Cette carte permet de visualiser les itinéraires entre les principales villes de Bali et de Lombok. Les temps de trajet indiqués en dessous correspondent aux trajets les plus directs et les plus rapides.

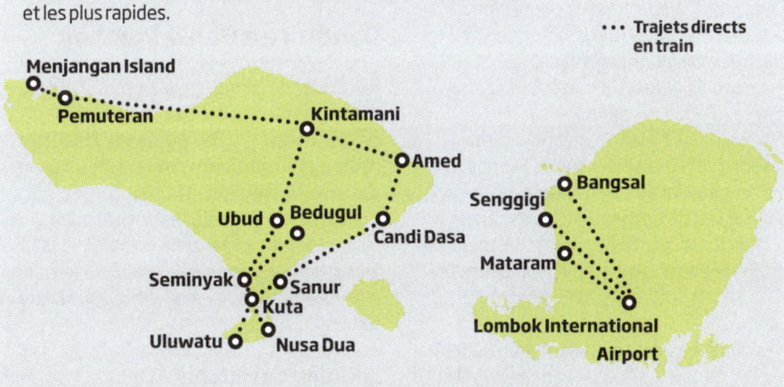

Kuta - Seminyak	20 min	**Sanur - Candi Dasa**	70 min
Seminyak - Ubud	60 min	**Candi Dasa - Amed**	1 h 40 min
Seminyak - Bedugul	80 min	**Amed - Lovina**	2 h 40 min
Kuta - Nusa Dua	25 min	**Lovina - Pemuteran**	1 h
Kuta - Uluwatu	50 min	**Mataram - Senggigi**	40 min
Ubud - Kintamani	50 min	**Senggigi - Kuta (Lombok)**	1 h 40 min

Des places assises sont disponibles à l'intérieur, dans un espace climatisé, mais la traversée sur le pont est plus agréable. Les billets s'achètent au port ou à l'avance auprès de compagnies comme **BlueWater Express**.

De nombreux bateaux rapides relient Bali aux îles de Nusa Penida, Nusa Lembogan, Gili Air, Gili Trawangan et Gili Meno. Et plusieurs ferry fonctionnent également toute l'année pour rejoindre les autres îles de l'archipel indonésien. **Direct Ferry** permet de réserver en ligne ces liaisons.

BlueWater Express
W bluewater-express.com/
Direct Ferry W directferries.fr/

Croisières

Plusieurs compagnies organisent des croisières autour de Bali et de Lombok. **Bali Hai** offre des excursions d'une journée de Benoa aux îles de Lembogan, Penida et Deningan, avec transport entre l'hôtel et le port. Les catamarans sont équipés d'un fond en verre pour voir les récifs coralliens. Activités nautiques et observation des dauphins sont proposées.

Bali Hai W balihaicruises.com

Transport en commun

Ils sont bon marché à Bali et à Lombok, mais pas toujours pratiques pour les visiteurs, dont les besoins diffèrent de ceux de la population locale. Les services sont peu fréquents une fois la nuit tombée.

Bus

Utilisés principalement par la population locale, ils assurent les liaisons interurbaines et inter-îles. Les principales lignes relient Denpasar à Singaraja, Denpasar à Amlapura et Sweta à Labuhan Lombok.

On achète les billets au chauffeur ou au receveur. Seuls les billets pour les liaisons inter-îles peuvent être achetés à l'avance.

Pour le sud de Bali, les principales gares routières se trouvent à Denpasar : Batubulan au nord, Kereneng au centre, Ubung à l'ouest.

Bemo

Les minibus, ou *bemo*, suivent des itinéraires fixes. Les plus petits circulent en centre-ville ; les plus gros relient les localités, par exemple Denpasar et Ubud ou Kuta.

Les tarifs, peu élevés (de 10 000 Rp pour une course en ville à 20 000 Rp pour une liaison interurbaine), peuvent être majorés pour les étrangers, et il faut parfois plusieurs heures pour parcourir une distance de 15 km. Les *bemo* sont souvent bondés, la chaleur y est étouffante et ils ne respectent pas les horaires ni les itinéraires.

Navettes touristiques

Les *shuttles* – minibus qui circulent à intervalles réguliers entre des destinations touristiques – sont un mode de transport très pratique pour explorer Bali et Lombok, ainsi qu'un excellent moyen pour faire des rencontres. Ils accueillent entre huit et vingt passagers. Plusieurs compagnies, comme **Perama**, assurent des liaisons entre les principaux centres touristiques à des horaires réguliers ; les tarifs, raisonnables, varient entre 35 000 Rp et 175 000 Rp.

La compagnie japonaise **Kura-Kura Bus** (billets à partir de 20 000 Rp) dessert Kuta, Legian, Seminyak, Sanur, Ubud, Jimbaran et Nusa Dua. Une réservation est vivement conseillée.

En liaison avec les ferrys, les *shuttles* relient les principales destinations touristiques de Lombok, telles que Senggigi ou Kuta, avec celles du sud de Bali et les îles Gili.

Perama W peramatour.com/
Kura-Kura bus W kura2bus.com/

Taxis & VTC

Dans le sud de Bali, à Senggigi et à Lombok, on peut arrêter facilement des taxis climatisés, équipés d'un compteur, ou réserver par téléphone ou *via* une application. Les taxis sont beaucoup moins répandus ailleurs, y compris dans des centres importants comme Ubud. Certains chauffeurs essaient de négocier un forfait ; mieux vaut refuser, le tarif au compteur étant souvent plus avantageux. Parmi les compagnies fiables figurent **Blue Bird Taxi** et **Grab**, dont les chauffeurs parlent anglais et qui bénéficient d'application mobile.

Conduire à Bali & Lombok

Rien de tel qu'un moyen de transport individuel pour se déplacer à Bali et à Lombok. Vous circulez à votre rythme, en faisant des détours et des arrêts au gré de vos envies, si besoin hors des sentiers battus.

Toutefois, les conditions de circulation sont très éprouvantes pour les non-initiés, la location d'une voiture avec chauffeur (environ 900 000 Rp par jour) est souvent la meilleure solution.

Location de voitures

Pour louer une voiture, le conducteur doit être âgé d'au moins 21 ans et avoir un permis de conduire international accompagné de son permis national.

Il faut posséder également une carte de paiement type Visa ou Mastercard, qui sert de garantie aux loueurs. Attention, certaines agences de location refusent les *debit cards* et n'acceptent que les *credit cards*. Or, la plupart de nos cartes bancaires (même de type Gold) sont souvent des cartes dites de « débit ».

Partez avec une bonne assurance, car il est rare, même avec la formule « tout inclus », que celle-ci intègre les dommages aux personnes. Pensez à conserver les coordonnées de votre assurance sur vous (indispensable en cas d'accident).

Stationnement

Les préposés au stationnement, notamment près des marchés, perçoivent une redevance minime (de 2 000 à 10 000 Rp selon le véhicule). Ils vous aideront à retrouver votre route.

Motos

Si vous pensez louer une moto ou un scooter, il est nécessaire d'avoir un permis moto, donc vérifiez avant de partir que votre permis de conduire international est également valable pour ce type de véhicule.

On trouve un peu partout des motos à louer. Ce mode de transport est idéal pour explorer les régions les plus reculées, notamment à Nusa Penida et dans le sud de Lombok, où les routes sont en mauvais état.

Les conducteurs inexpérimentés doivent cependant savoir que les conditions de circulation sont dangereuses.

Le port du casque est obligatoire. Ceux fournis par les agences de location offrant une protection minimale, apportez le vôtre ou achetez-en sur place ; un modèle pourvu d'une visière est recommandé pour se protéger contre le soleil, la pluie, les insectes et la poussière. Redoublez de prudence sur les routes ; on recense chaque année de plus en plus de personnes blessées et tuées dans des accidents.

Si vous ne souhaitez pas conduire vous-même une moto, vous pouvez louer un *ojek* (moto-taxi). Plus répandu à Lombok qu'à Bali, ce type de transport convient mieux aux routes de campagne paisibles qu'aux rues embouteillées des grands centres. Les *ojek* n'étant pas équipés de compteurs, le prix est à négocier avant le départ. Si le loueur ne fournit pas de casque, ne montez pas sur la moto. L'application **Go-Jek** permet de louer un *ojek*.

Code de la route

En cas d'accident, la responsabilité incombe le plus souvent aux étrangers, même s'ils ne sont pas en tort, les Indonésiens n'étant souvent pas assurés. Ils conduisent à gauche et ne respectent pas le code de la route : les motos doublent indifféremment d'un côté ou de l'autre ; les conducteurs déboîtent sans prévenir pour s'insérer dans une file ; la priorité appartient au plus imposant ou au premier qui fait un appel de phares.

Les trottoirs, rares et étroits, obligent les piétons à marcher sur la chaussée, qu'ils partagent avec les véhicules à moteur, mais aussi avec le bétail, les charrettes à bras, les processions religieuses et les cyclistes roulant en sens inverse. À Lombok, le trafic est moins dense, mais méfiez-vous des voitures à cheval. Avant de doubler, prévenez avec un petit coup de klaxon. Dans une intersection, lorsque vous allez tout droit au lieu de bifurquer, allumez les feux de détresse. En ville, les rues à sens unique sont de plus en plus répandues.

Il est déconseillé de rouler de nuit à cause des nombreux deux-roues dépourvus d'éclairage. Méfiez-vous aussi des tas de sable noir déposés sur la chaussée par les entreprises du bâtiment et de travaux publics.

Cyclistes

La plus grande prudence s'impose sur les routes très fréquentées, où les automobilistes ne tiennent pas compte des vélos, surtout à Bali.

À Lombok, la circulation est généralement moins chaotique.

Dans les centres touristiques, on trouve facilement des vélos à louer, mais vérifiez soigneusement leur état avant de payer, notamment les roues, les freins et l'éclairage.

Demandez à votre hôtel de vous conseiller une agence de location. Portez un casque et évitez de rouler la nuit ; dans les agglomérations, les rues sont mal éclairées, voire pas du tout.

Le vélo est idéal pour explorer les coins tranquilles, en faisant attention aux nids-de-poule et autres obstacles, notamment sur les 3 îles de Gili où aucun véhicule à moteur n'est autorisé.

BALI ET LOMBOK EN CHIFFRES

- 1 site naturel inscrit au Patrimoine mondial de l'UNESCO
- 3 îles coralliennes de Gili
- 8 districts à Bali
- IXe siècle, le système d'irrigation des rizières balinaises, nommé *subak*
- 60 m de profondeur pour les tombants du site de plongée de Menjangan
- 636 hectares, superficie des plus belles rizières de Bali à Jatiluwih
- 1945, le Bahasa indonesia devient la langue officielle
- 1960, début du surf à Bali
- 3 142 m d'altitude pour le mont Agung à Bali
- 3 726 m, hauteur du volcan Rinjani à Lombok
- 5 633 km², la superficie de Bali

INFOS PRATIQUES

Voici les informations essentielles dont vous aurez besoin durant votre séjour à Bali et/ou à Lombok, ainsi que quelques conseils.

EN UN COUP D'ŒIL

NUMÉROS D'URGENCE

AMBULANCE	POMPIERS
118	**113**

POLICE	PREMIERS SECOURS
110	**111**

DÉCALAGE HORAIRE

- UTC/GMT + 8 heures

EAU DU ROBINET

Elle n'est pas potable à Bali ni à Lombok. Buvez de l'eau en bouteille.

POURBOIRES

Serveur	10-15 %
Bagagiste	10 000 Rp
Femme/valet de chambre	10 000 Rp par jour
Guide	10 %
Chauffeur de taxi	10-15 %

Sécurité

Le niveau de sécurité est globalement satisfaisant, on assiste cependant à une recrudescence de la petite délinquance, des vols à la tire et des pickpockets se produisent dans les zones touristiques. Surveillez vos objets personnels et méfiez-vous des voleurs à la tire à moto.

En cas de vol, déclarez-le à la police touristique ; elle vous remettra un document pour votre assurance. Les risques naturels, tels que les séismes et éruptions volcaniques, sont à prendre en compte. Renseignez-vous avant de partir et consultez les recommandations sur la conduite à tenir en cas d'incidents.

Santé

Si les soins médicaux sont de qualité médiocre dans les régions reculées, Bali possède de bonnes cliniques privées (chères), tel l'International SOS Medical Centre. Les pharmacies peuvent vous conseiller pour les problèmes mineurs. Les troubles digestifs dus à la nourriture, au climat et au manque d'hygiène sont courants. Reposez-vous et buvez beaucoup. En l'absence d'amélioration au bout de deux ou trois jours, demandez conseil dans une pharmacie ou un dispensaire. Le soir, protégez-vous des moustiques à l'aide d'un répulsif.

Tabac, alcool et drogues

Il est interdit de fumer dans les lieux publics comme les restaurants climatisés. L'alcool est largement consommé dans les zones touristiques ; évitez cependant l'arak artisanal qui peut être frelaté. Les voyageurs se voient parfois proposer des drogues illégales dans la rue, notamment à Kuta (Bali). Tout détenteur de stupéfiants est passible d'emprisonnement ou peut se faire extorquer par des fonctionnaires corrompus.

Coutumes locales

De tempérament extraverti, les Balinais sont souriants et accueillants avec les visiteurs étrangers tant qu'ils se comportent avec courtoisie. Plus réservés, les Sasak de Lombok sont très attachés à la préservation de leur culture et de leurs traditions. Les Balinais n'apprécient pas les manifestations de colère ni d'agressivité.

Évitez les démonstrations d'affection en public. Les Indonésiens, et plus particulièrement à Lombok, les jugent embarrassantes, voire impolies. Dans la rue, les couples ne se tiennent pas par la main, mais par le bras.

Une tenue décente est recommandée. On ne touche pas une personne sur la tête, cette partie du corps étant considérée comme sacrée. On donne et on reçoit les objets avec la main droite, car la gauche est impure. On ne tend pas l'index vers quelqu'un, mais le pouce de la main droite, en dirigeant la paume vers le bas.

Lieux de culte

Les hindous de Bali et de Lombok observent des règles strictes dans les temples. Ils attendent qu'elles soient respectées afin de préserver la dimension spirituelle de ces lieux sacrés.

Les prescriptions concernent principalement la tenue vestimentaire. Toute personne qui pénètre dans un temple ne doit pas être en short ou tenue légère, un pantalon ou sarong ainsi qu'une ceinture *(sash)* sont de rigueurs. Les sanctuaires qui reçoivent régulièrement des visiteurs mettent ces accessoires à leur disposition (moyennant une somme modique, pour certains).

Les femmes en période de menstruation ou toute personne ayant une plaie ouverte ont l'interdiction d'entrer dans les lieux sacrés, car on ne doit pas verser de sang dans un temple. De même, y pénétrer avec de la nourriture entre en conflit avec les offrandes. Enfin, l'accès est interdit aux malades, y compris mentaux.

Voyageurs LGBT +

Les voyageurs LGBT sont acceptés partout à Bali. Une importante communauté d'expatriés vit dans le sud de l'île et à Ubud. Seminyak compte de nombreux night-clubs gays. Comme les autres visiteurs, les voyageurs LGBT doivent éviter les démonstrations d'affection en public.

À Lombok, île majoritairement musulmane, l'homosexualité n'est pas vue d'un bon œil.

Téléphones, Wi-Fi & Poste

Le Wi-Fi est répandu dans les centres touristiques, presque tous les hôtels, restaurants et cafés offrant une connexion gratuite. Les téléphones portables GSM fonctionnent généralement à Bali et à Lombok. Vous pouvez aussi acheter une carte SIM locale prépayée dans une boutique de téléphonie. Le vendeur vous demandera de présenter votre passeport et l'installera si votre téléphone est débloqué.

Des bureaux de poste existent dans tous les centres touristiques, l'acheminement des lettres et cartes postales peut atteindre deux semaines.

QUE RAMENER

- Des **piments** : du plus puissant, le piment oiseau, au plus doux, la *cabe lombok*
- De l'**huile à la fleur de frangipanier** rose ou blanche pour les cheveux et le corps
- Du **café *kopi luwak***, récolte particulière
- Du ***teh***, le thé indonésien au goût unique fumé et parfumé au jasmin
- De la **sauce soja sucrée** et du ***sambal,*** un condiment à base de piments
- De la **bière artisanale** du nord de Bali, la Stark, aromatisée ou pas
- De l'**arak**, alcool fort local, élaboré à partir de riz ou de vin de palme
- Des **épices** : gingembre, citronnelle, curcuma, clou de girofle *(cingkeh)*
- Des **feuilles de *combawa***, essentielles dans la composition des currys balinais
- Des **chips indonésiennes**, *emping* (plante) et *krupuks* (crevette)
- De la **noix *kemiri*** pour agrémenter les plats indonésiens

APPLIS INCONTOURNABLES

Conseil aux Voyageurs Se tenir au courant en temps réel
Xe currency Convertir en Roupie indonésienne
Maps.me Se situer sur les îles
AroundMe Trouver tous les restaurants, supermarchés des alentours.
SayHi Traduire et parler indonésien
Go-Jek Commander un Ojek, à manger, un masseur...
The Bali Bible Découvrir l'île
My Blue Bird Taxi Réserver un taxi
MyShake Détecter les séismes

INDEX

Les folios en **gras** renvoient aux entrées principales.

R

S

Cartes et plans

NOTES PERSONNELLES

GLOSSAIRE

ARCHITECTURE

atap : toit en palme
bale : pavillon
candi bentar : portail fendu
gedong : pavillon fermé
kori : portail toituré
kori agung : portail de cérémonie
kulkul : tour de guet
meru : autel à étages multiples
padmasana : trône de la divinité suprême
pelinggih : maison des esprits
pura : temple
puri : palais, maison de la noblesse
rumah : maison
wantilan : pavillon public à double toit
warung : petit restaurant ou magasin

ART ET ARTISANAT

geringsing : « double *ikat* »
ikat : tissage au fil de chaîne teint de couleurs différentes
kayu : bois
lontar : palmier dont la feuille sert de support d'écriture
lukisan : peinture
mas : or
pande : forgeron
paras : tuff volcanique utilisé pour la construction et la statuaire
patung : statue
perak : argent
prada : tissu doré
songket : tissu incorporant du fil d'or ou d'argent
tapel : masque
tenunan : tissage

MUSIQUE ET DANSE

arja : opéra balinais
baris : danse d'un homme seul
baris gede : danse sacrée interprétée par des groupes d'hommes
Barong : esprit protecteur à l'effigie animée par deux hommes
belaganjur : orchestre de percussions processionnel
gambuh : ancienne danse de cour
gamelan : orchestre de percussions
gangsa : instrument à lames de bronze
kebyar : style de musique vigoureux, danse tonique
kendang : tambour
keris : kriss, dague sacrée
legong : danse classique interprétée par trois fillettes
prembon : programme mixte
Rangda : sorcière qui affronte Barong
rejang : danse sacrée interprétée par des femmes
suling : flûte de bambou
tari : danse
topeng : danse masquée basée sur des récits généalogiques
trompong : instrument composé de huit à douze gongs
wayang kulit : théâtre d'ombres
wayang wong : danse masquée basée sur des épopées hindoues

VÊTEMENTS

baju : jupe, robe
baju kaus : T-shirt
destar : turban porté par les hommes
gelungan : coiffure recherchée
jilbab : voile des musulmanes
kain : tissu, long pagne non cousu
kebaya : veste féminine traditionnelle
peci : coiffe des musulmans
sarong : long pagne cousu
selendang : ceinture cérémonielle
sepatu : chaussures

RELIGIONS ET COMMUNAUTÉS

banjar : association villageoise
hari raya : toute fête religieuse
karya : travail, notamment travail rituel collectif
mesjid : mosquée
odalan : anniversaire d'un temple
pedanda : grand prêtre
pemangku : prêtre de temple
penjor : perche de bambou festonnée
pura dalem : temple des morts
pura desa : temple du village
pura puseh : temple des origines
sebel : tabou
sunat : rite musulman de circoncision
tirta : eau sacrée
yadnya : rituel hindou (générique)

NOURRITURE

air minum : eau potable
ayam : poulet
babi guling : cochon de lait rôti
babi : porc
bakar : grillé
bebek tutu : canard cuit à la vapeur
buah-buahan : fruit
cumi-cumi : poulpe
daging : viande
gado-gado : plat végétarien servi avec une sauce à l'arachide
garam : sel
goreng : frit
gula : sucre
ikan laut : poisson
jeruk : orange, agrume
jeruk nyepis : citron vert
kelapa : noix de coco
kopi : café
makan : manger
mie : nouilles
minum : boire
nasi : aliment, riz, plat de riz
pedas : pimenté
pisang : banane
roti : pain
sambal : condiment pimenté
sapi : bœuf
sate, sate lilit : petites brochettes
susu : lait
teh : thé
telur : œuf
udang : crevette

NATURE ET PAYSAGES

bukit : colline
burung : oiseau
danau : lac
gunung : montagne
hujan : pluie
jalan : route
laut : mer
mata hari : soleil
pantai : plage
pohon : arbre
sawah : rizière
subak : association pour l'irrigation
sungai : cours d'eau
taman : jardin, parc
tanah : sol

TRANSPORTS

bemo : minibus public
cidomo : voiture à cheval dotée de pneus (à Lombok)
dokar : voiture à cheval
jukung : pirogue à balancier
mobil : voiture
sepeda motor : motocyclette

DIVERS

adat : loi coutumière ou tradition
bagus : bon
baik : bien
Bapak : terme de politesse pour un homme
bayar : payer
cantik : joli
dingin : froid
Ibu : terme de politesse pour une femme
mahal : cher
murah : bon marché
panas : chaud
pariwisata : tourisme
puputan : combat à mort
rokok : cigarette
sakit : blessé, malade
selamat jalan : bon voyage
terima kasih : merci
tidak : non, pas
tidur : dormir
uang : argent

REMERCIEMENTS

L'éditeur tient à remercier les particuliers, organismes et agences de photo suivants qui l'ont autorisé à reproduire leurs clichés:

Légendes : a = en haut ; b = en bas ; c = au centre ; f = au loin ; l = à gauche ; r = à droite ; t = tout en haut

123RF.com: balinature 88cl; Florian Blümm 152bl; iferol 159t; ivohausner 105tr; Ronnachai Limpakdeesavasd 11cr; Aleksandar Todorovic 66bl, 74tr.

4Corners: Jürgen Ritterbach 122–3b.

Alamy Stock Photo: 24BY36 36b; age fotostock / Frederic Soreau 76t; Terry Allen 117; Konstantin Andreev 84–5b, 108tl; ART Collection 54t; Art Directors & TRIP 52cl, 52clb; Putu Artana 53tl; Arterra Picture Library 24cr, 121clb, 164b; Artokoloro Quint Lox Limited 55cra; Asia File 34–5t; Romina Bayer 174br; Sabena Jane Blackbird 129tr; Paul Brown 22tl; pavlos christoforou 20cl; Chronicle 56br; Sue Clark 129br; Thomas Cockrem 42t, 55tl, 73br, 178bl; Cultura Creative (RF) 47b; Leila Cutler 132clb; David Buch Photography 39cl; Chris Deeney 41t; Design Pics Inc 45cl; Marius Dobilas 86tr; Brad Downs 27tl; Eagle Visions Photography / Craig Lovell 22–3t, 161t; Peter Eastland 20bl, 73tr, 132bl; Martyn Evans 37br; Dima Fadeev 28bl; Michele Falzone 50bl, 66–7, 108–9b; Christine Gates 150br; Sioen Gérard 127tr; GoSeeFoto 78br; Hagen Production 41cl; Vince Harris 165tr; Hemis 13br; Horizon Images / Motion 70–1t, 86–7b; KC Hunter 100–101; imageBROKER 139tr; INTERFOTO 55bl; Ivoha 43cr; Jango / Stockimo 103cla; JHMimaging 37tl; John Warburton-Lee Photography 106cl; Jon Arnold Images Ltd 137br, 185cla; Kenishirotie 38br; John Kershaw 45br; Ronnachai Limpakdeesavasd 121br; Christoph Lischetzki 30cl, 106bl; LOOK Die Bildagentur der Fotografen GmbH 26tr, 100cra, 184b; Edmund Lowe 20t, 110–11; MARKA 104tl; Stefano Politi Markovina 185br; master2 180bl; mauritius images GmbH 98bl; Annette Maya 153br; Aliaksandr Mazurkevich 24t, 40br; Military History Collection 56–7t, 57clb; Igor Mojzes 39crb; Denis Moskvinov 47cl, 52cr; nikjvt 59tr; Roberto Nistri 95br; Nokuro 143tr; Angela Nott 95cla; Agung Parameswara 130–31b; Carlos Peñalba 172–3; Photononstop 153crb; Peter Pinnock 149bc; Christian Platzer 26tl; Grant Rooney Premium 23tl; Juergen Ritterbach 105b; robertharding 41br, 43cla, 49cla, 55cb, 140t, 158br; RooM the Agency 27tr, 172clb; Reynaldo Santa 150t; Norbert Scanella 156–7t; Peter Schickert 28cr; Leonid Serebrennikov 43tr, 107t, 136–7t; Simon Pierce 12t; David South 157br; Constantin Stanciu 40tl; Wayan Sulendra 131tr; Mulawardi Sutanto 44tl; Ariyani Tedjo 34tl, 35cl; travelib Indonesia 46bl; Yuliya Trukhan 141b; Dray van Beeck 37c; Mykola Velychko 24cl; Nitish Waila 12–13b; Rob Walls 100bl; Christine Wehrmeier 27ca; Michel & Gabrielle Therin-Weise 154cra; Karin De Winter 163br; Jan Wlodarczyk 10ca, 154clb; Poelzer Wolfgang 138b.

AWL Images: Marco Bottigelli 18tl, 112–13; Michele Falzone 2–3, 69t.

Bridgeman Images: Christie's Images / Willem Gerard Hofker © DACS 2018 *Phantastic Bali, poster advertising the Bali Hotel, Indonesia* 56tl; Pictures from History 55tr, 55cr, 99br.

Courtesy of Ashtari Lombok: 24br.

Depositphotos Inc: luckybusiness 10clb; tashka2000 48–9t.

Dreamstime.com: Amadeustx 124bl; Christophe Amerijckx 13t; John Anderson 162t; Arttikstockphotography 42clb; Kairi Aun 116clb; Kitchner Bain 95tr; Florian Blümm 153cb; Shariff Che\' Lah 125tl; Christophefaugere 175br; Tomas Ciernik 160b; Cmeili87 33c; Cocosbounty 83br, 102b, 165bc; Dvrcan 98–9t; Feathercollector 149cra; Aqnus Febriyant 74b; Oliver Förstner 123tr; Elizaveta Galitskaya 94–5b; Galjan 116b, 119t; Bradley Hay 157cl; Idmanjoe 118cl; Dmitry Islentyev 51ca; Joyfull 80–81t; Elena Krutikova 43b; Leoraduga 174–5t; Lev Levin 119bc; Edmund Lowe 35crb, 49br, 50–51t; Denis Moskvinov 4; Christian Nilsen 175tc; Jon Chica Parada 181t; Tomas Pavlasek 44–5b; Marek Poplawski 154–5; Anthony Prince 187tl; Ruengrit 30t; Oktobernardi Salam 23tr, 148; Softlightaa 19, 168–9; Somma695 68bl; Nikolai Sorokin 164clb; Hiroshi Tateishi 125tr; Telnyawka 159cr; Matthew Train 6–7; Venemama 126t; Visualism Studio 36tr; Andra Wayan 133tr; Weltreisendertj 123cr; Wonderful Nature 84tl; Tayfun Sertan Yaman 149crb.

Getty Images: AFP / Jewel Samad 59cr, / Sonny Tumbelaka 53tr, / STR 59br; Bettmann 56clb; Raung Binaia 142–3b; Larry Burrows 58bc; Culture Club 54crb; Fadil Aziz / Alcibbum Photography 189t; Michele Falzone 18cb, 134, 144–5; John Florea 57tr; Isa Foltin 167tr; IN2 Focus Media 188b; Moment / @ Didier Marti 78-79t; Justin Ong 53br; Agung Parameswara 52cla; raditya 178–9t; James R.D. Scott 177tr; simonlong 58–9t; Terence Spencer 58tl; Maria Swärd 186–7b; Andrew TB Tan 22–3ca; torstenvelden 120–11t; Maya Vidon- White 59clb; Alfian Widiantono 172cra, 182–3b.

iStockphoto.com: AlenaPaulus 176cra; asiafoto 131tl; Bicho_raro 88–9t; Valery Bocman 121crb; Em Campos 48–9b; CEphoto, Uwe Aranas 81br; ChanwitOhm 45tr; Csondy 10–11b; Andrey Danilovich 8–9; dislentev 83t; DKart 17, 90–91; enviromantic 34b; ErmakovaElena 190–91; Goddard_Photography 131cla; ifew 32b; joakimbkk 32tl; johan10 57bc; jon11 46–7t; KellyOla 34cra; KitHamilton 149clb; LadyBird89 8cl; laughingmango 8clb; mahos 96t; mahroch 28t; manjik 16, 62–3; master2 69cra, 72–3b; MelanieMaya 30clb; miralex 119br, 128bl; Myslitel 33br; NicoElNino 11br; Nikada 97cra; PrinPrince 172bl; raung 8cla, 33tl; RibeirodosSantos 60–61; Iuliia Serova 66tr; Shrekton 13cr; steffie82 183tr; swissmediavision 38–9t; Aleh Varanishcha 30br.

Mowie's: 26–7ca.
Picfair.com: Theodora 53cl.

Shutterstock: EPA / Made Nagi 53cr; Elizaveta Galitckaia 54bl; Guitar photographer 166-67b; R.M. Nunes 11t; Tebha Workspace 53bl.

Robert Harding Picture Library: G & M Therin-Weise 125cla, 154bc.

SuperStock: age fotostock / Carol Buchanan 95tl, / Jan Wlodarczyk 20cr, / Leonid Serebrennikov 12clb, / Manfred Gottschalk 51br; Axiom Photographic / Design Pics / Peter Langer 28crb; Cultura Limited 176–7b; imageBROKER / Moritz Wolf 52cra; Mauritius 149cl.

Ubud Writers & Readers Festival: Anggara Mahendra 52crb.

Rabat avant :
123RF.com: Aleksandar Todorovic cb; **Alamy Stock Photo:** Dima Fadeev cra; Jon Arnold Images Ltd cla; **Getty Images:** James R.D. Scott bl; **iStockphoto.com:** DKart br; **SuperStock:** Cultura Limited tc.

Couverture :
1re de couverture : Getty Images: Moment / Nora Carol Photography.
4e de couverture : Alamy Stock Photo: Michele Falzone cla; **Getty Images:** Moment / Nora Carol Photography; **Dreamstime.com:** Denis Moskvinov c; Tawatchai Prakobkit tr.

Pour plus d'informations : www.dkimages.com

Illustrateurs : Anuar Bin Abdul Rahim, Denis Chai Kah Yune, Chang Huai-Yan, Choong Fook San, Koon Wai Leong, Lee Yoke Ling, Poo Lee Ming, Thomas Sui, Peggy Tan, Yeap Kok Chien.

hachette TOURISME

Aussi soigneusement qu'il ait été établi, ce guide n'est pas à l'abri de changements de dernière heure.

Faites-nous part de vos remarques par e-mail à l'adresse suivante : **voir@hachette-livre.fr**

Hachette Tourisme
58, rue Jean-Bleuzen, CS 70007,
92178 Vanves cedex

Direction **Sidonie Chollet**

Direction éditoriale **Cécile Petiau**

Responsable de collection **Catherine Laussucq**

Traduit et adapté de l'anglais par Dominique Brotot, Maud Desurvire, Cécile Giroldi et Christine Chareire

Édition et mise en pages **Maogani**

Ce guide a été établi par **Rachel Lovelock, Andy Barski, Albert Beaucourt, Bruce Carpenter, John Cooke, Jean Couteau, Diana Darling, Sarah Dougherty, Julia Goh, Lorca Lueras, Tim Stuart** et **Tony Tilford**

DK | Penguin Random House

Publié pour la première fois en Grande-Bretagne en 2001, sous le titre : Eyewitness Travel Guides : Bali & Lombok

Imprimé et relié à Riga en Lettonie par **Livonia Print**

Achevé d'imprimer en octobre 2022
Dépôt légal novembre 2022
ISBN 978-2-01-787219-1
ISSN 1246-8134
Collection 32 – Édition 01
N° de codification 55-1977-6

FSC www.fsc.org MIXTE Papier | Pour une gestion forestière responsable FSC™ C018179